学校では教えてくれない
ピカピカ
自分みがき術

もう投《な》げださない！
続《つづ》けるチカラ

監修●深谷圭助

JN012345

日本図書センター

みんな、こんにちは！……あれ、なんだか元気《げんき》のない子《こ》がいるね。

ゴール
ワーワー
ぼくにはムリだ……
しゅん…

ヤサシくん

みんなにやさしい男《おとこ》の子《こ》。
でも弱気《よわき》なところがあって、
すぐにあきらめてしまうよ。

月
昨日《きのう》
やらずに
寝《ね》ちゃった〜！
漢字ドリル

マジメくん

完《かん》ぺきにやらないと気《き》がすまない男《おとこ》の子《こ》。すこしでもうまくいかないと、とちゅうで投《な》げだしてしまうんだ。

なにかを続《つづ》けようと決《き》めたのに
続《つづ》けられなくて、
落《お》ちこんだりしかられたり
しているよ。

新《あたら》しいほうが
おもしろそう
なんだもん！

アキミちゃん

好奇心《こうきしん》いっぱいの女《おんな》の子《こ》。新《あたら》しいことをはじめると、いままで続《つづ》けていたことを忘《わす》れちゃうことがあるよ。

よく見《み》ると、
みんなのすぐそばに
イカみたいな
姿《すがた》をした
生《い》きものがいるよ。

この生《い》きもの、
名前《なまえ》は「マイッカくん」。
ふだんはこころのなかにかくれていて、
きみがいいわけをはじめると
姿《すがた》をあらわすんだ。
そして、きみに「まあ、いっか」とささやくよ。

さぼって
イッカ～

なんも
しなくても
マイッカ～
イッカ～ イッカ～ マイッカ～

マイッカくんは、
どんな人《ひと》のなかにもいるよ。
じゃあ、
続《つづ》けられる人《ひと》とそうでない人《ひと》の
ちがいってなんだろう？

ツヅク先輩《せんぱい》

みんなのあこがれの先《せん》輩《ぱい》。テニスの全国大会《ぜんこくたいかい》で、３年連続《ねんれんぞく》で１位《い》にかがやいたんだ！

どうやら、続《つづ》けられる人《ひと》は、
マイッカくんに負《ま》けないための
ワザを知《し》っているみたい。

マイッカくんに負《ま》けないためのワザ。
それって、
いったいどんなものなんだろう？

それとも
こんなの？
シュ
シュ
シュ
シュ

もっとかんたんな
方法《ほうほう》があるよ！

だいじょうぶ。
むずかしくないから、
きっときみにもできるはず！
さあ、いっしょに学《まな》んでいこう！

はじめに

「なにをやっても長《なが》く続《つづ》かない」

「すぐにあきてしまう」

『続《つづ》けるチカラ』というタイトルのこの本《ほん》を手《て》にとってくれたみなさんは、そんな悩《なや》みをもっているかもしれませんね。

この本《ほん》には、3人《にん》の子《こ》どもたちが登場《とうじょう》します。やさしい子《こ》、まじめな子《こ》、好奇心《こうきしん》おうせいな子《こ》……みんなちがった性格《せいかく》をしています。（みなさんに似《に》ている子《こ》がいるかもしれませんね。）そして、3人《にん》はそれぞれ、続《つづ》けられないことに悩《なや》んでいます。

では、なぜ続《つづ》けられないのでしょう。みなさんは、その理由《りゆう》を考《かんが》えてみたことはありますか？

もしかしたら「自分《じぶん》には努力《どりょく》が足《た》りないんだ」「根《こん》

性《じょう》がないんだよな」なんて思《おも》っている人《ひと》がいるかもしれません。でもじつは、続《つづ》けるチカラは、努力《どりょく》や根性《こんじょう》とはあまり関係《かんけい》がないのです。

この本《ほん》は、3人《にん》の子《こ》どもたちが、この「なぜ」の答《こた》えを探《さが》すところからはじまります。

性格《せいかく》のちがう3人《にん》ですから、もちろん、続《つづ》けられない理由《りゆう》もそれぞれちがいます。そして、その理由《りゆう》を見《み》つけることは、続《つづ》けるチカラを身《み》につけるためのヒントになっていきます。

この本《ほん》では、続《つづ》けるためのワザをたくさん紹介《しょうかい》しています。ぜひみなさんも、自分《じぶん》に合《あ》ったワザを見《み》つけてください。そうすればきっと、〝続《つづ》けられる自分《じぶん》〟に変身《へんしん》できるはずです！

深《ふか》谷《や》圭《けい》助《すけ》

もくじ

4章《しょう》

【あきあきゾーン】最後《さいご》のかべを乗《の》りこえよう！

1章《しょう》

どうして続《つづ》けられないの？

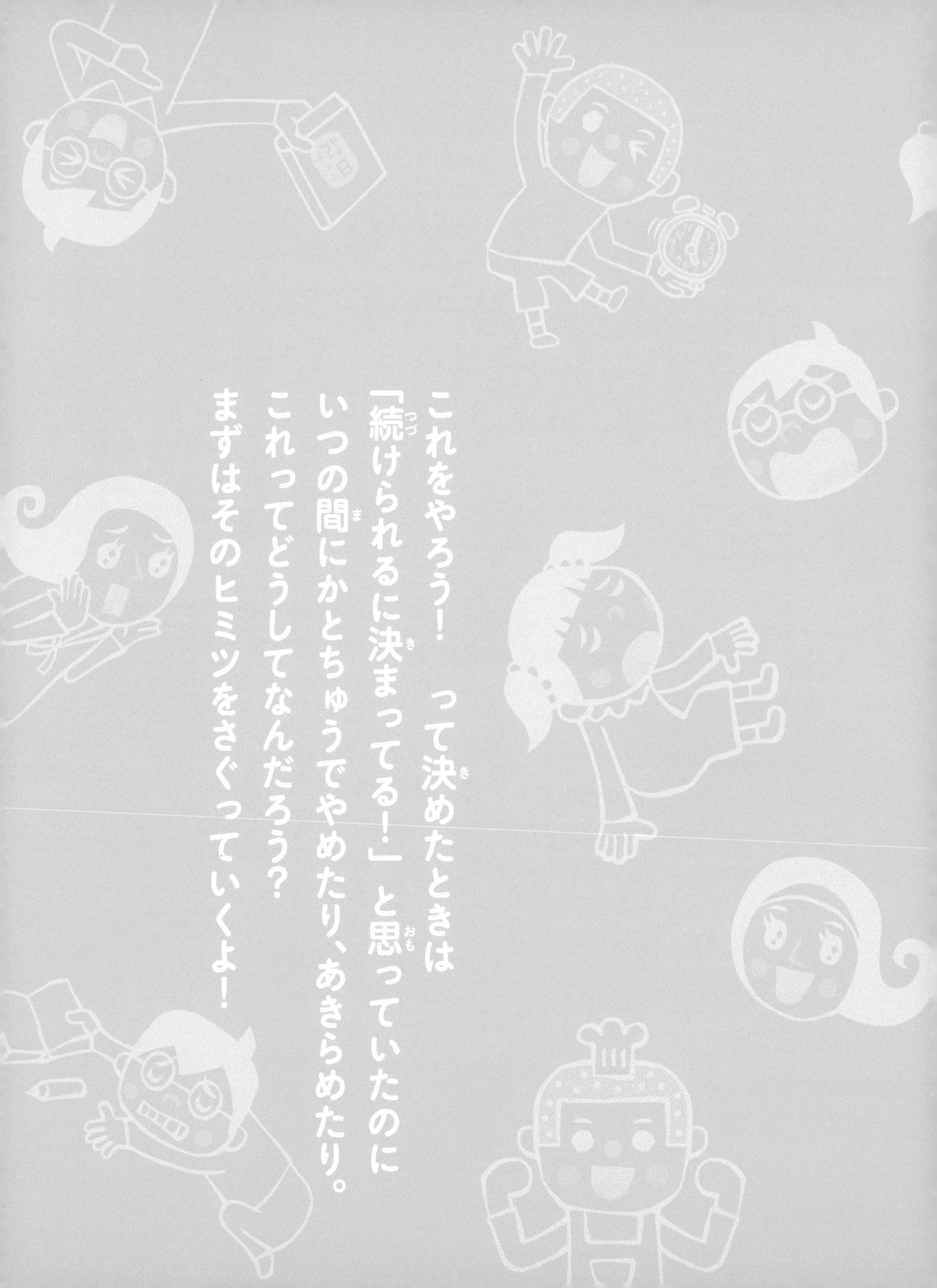

これをやろう！　って決《き》めたときは
「続《つづ》けられるに決《き》まってる！」と思《おも》っていたのに
いつの間《ま》にかとちゅうでやめたり、あきらめたり。
これってどうしてなんだろう？
まずはそのヒミツをさぐっていくよ！

続《つづ》けられないとどうなっちゃうの？

勉強《べんきょう》でもスポーツでも、親《おや》や学校《がっこう》の先生《せんせい》から、「続《つづ》けることがたいせつ」「最後《さいご》までやりなさい！」っていわれたことがあるんじゃないかな。

でも、なんでそんなふうにいうんだろう。きみには、そのわけがわかるかな？

もし続《つづ》けられないままおとなになってしまったら、いったいどうなるんだろう？

練習《れんしゅう》を続《つづ》けられなかったバレリーナ。本番《ほんばん》で失敗《しっぱい》して、お客《きゃく》さんをがっかりさせてしまったよ。

英語《えいご》の勉強《べんきょう》を続《つづ》けられなかったキャビンアテンダントは、お客《きゃく》さんの質問《しつもん》にタジタジ！

この飼育員《しいくいん》は毎日《まいにち》のエサやりを続《つづ》けられなかったみたい。動物《どうぶつ》たちがおなかをすかせてしまっているよ。

毎日《まいにち》の観察《かんさつ》を続《つづ》けられなかった科学者《かがくしゃ》。データ不足《ぶそく》で実験《じっけん》に失敗《しっぱい》してしまったよ。

あちゃ〜〜
ブシュ〜
パリン
ヒィ!!
ボム

だいじなところではずかしい思《おも》いをしてしまったり、仕事《しごと》がちゃんとできなくてだれかに迷惑《めいわく》をかけたり、実験《じっけん》に失敗《しっぱい》したり……。

うーん、なんだか困《こま》ったことになりそうだね。

続《つづ》けられないままおとなになった人《ひと》たちは、みんな、

「ああ、やめないで続《つづ》けておけばよかった！」

って後悔《こうかい》しているみたいだよ。

「続《つづ》ける」をはじめよう！

ようし！
明日《あした》から
早起《はやお》きするぞ！

ヤサシくんは、「毎朝早起《まいあさはやお》きをする！」と決《き》めたよ。

ぼくは
日記《にっき》を書《か》くぞ！

「毎日部屋《まいにちへや》を片付《かたづ》けるぞ！」

「今日《きょう》から1日《にち》1つお手伝《てつだ》いをしよう！」

きみは、こんなふうに、「今日《きょう》からなにかを続《つづ》けよう」って思《おも》ったことはあるかな？

アキミちゃんは、かっている犬《いぬ》の散歩《さんぽ》を「毎日自分《まいにちじぶん》でやる」って決《き》めたよ。

どうやら3人《にん》も、自分《じぶん》なりの目《もく》標《ひょう》を決《き》めたみたいだよ。続《つづ》けられるかな?

マジメくんは、「毎晩《まいばん》、寝《ね》る前《まえ》に日記《にっき》をつける」という目標《もくひょう》を立《た》てたよ。

人《ひと》にはそれぞれ理由《りゆう》がある

あれあれ、はじめはみんな、はりきっていたのに、けっきょく続《つづ》けられなかったようだね。

いつ、やめちゃったんだろう？　どうして、やめちゃったのかな？

こころのなかをのぞいてみると、続《つづ》けられなかったのには、ひとりひとり理由《りゆう》があるみたいだよ。

いろいろ
あるねー
朝《あさ》は
よく寝《ね》たほうが
いいかも……

ヤサシくんは、目標《もくひょう》を立《た》てたばかりなのに、はじめる前《まえ》からあきらめてしまったよ。

たいへん
ですねー
毎日《まいにち》同《おな》じくりかえしで
あきちゃった〜
昨日《きのう》、日記《にっき》を
書《か》くの忘《わす》れてた
もうダメだ……

アキミちゃんは、しばらく続《つづ》けたけれど、とうとう同《おな》じことのくりかえしに、あきてしまったみたい。

マジメくんは、せっかくはじめられたのに、1日《にち》できなかったことに落《お》ちこんで、続《つづ》けられなくなってしまったね。

続《つづ》けられない理由《りゆう》には性格《せいかく》がかくれている

　人《ひと》によって続《つづ》けられない理由《りゆう》がちがうのは、なんでだろう？　それは、ひとりひとり性格《せいかく》がちがうから。「やめちゃおうかな」「もうできない！」と思《おも》うポイントも、人《ひと》によってちがうんだ。

　じゃあ、3人《にん》の続《つづ》けられない理由《りゆう》は、どんな性格《せいかく》とつながっているのかな？　ちょっとのぞいてみよう！

ツヅク先輩《せんぱい》
アドバイス！

「性格《せいかく》」ってこんなもの！

- 「性格《せいかく》」っていうのは、その人《ひと》が生《う》まれつきもっている「こころのくせ」みたいなものだよ。
- 同《おな》じことをしているときでも、感《かん》じかたや行動《こうどう》が少《すこ》しずつちがうよね。これは、ひとりひとり「性格《せいかく》」がちがうから！
- 自分《じぶん》ではわからないかもしれないけど、人《ひと》から見《み》たらよくわかることもあるよ。

ヤサシくんは慎重《しんちょう》タイプ

ヤサシくんは、なんでも慎重《しんちょう》にやるタイプ。一度《いちど》決《き》めたことを「でも」「やっぱり」ってあれこれ考《かんが》えてしまう優柔《ゆうじゅう》不断《ふだん》なところもあるよ。

○○選手《せんしゅ》に聞《き》きました
寝《ね》るのが大好《だいす》きさ
ボクも!
あの人《ひと》がいうなら
たくさん寝《ね》たほうが
いいのかも
カチ
ON
OFF

そっかあ
だからぼくは早起《はやお》きを
やめちゃったんだ
フムフム
ムリだイカ!

はじめる前《まえ》から、「でも」「やっぱり」ってあれこれ考《かんが》えたり、迷《まよ》ったりする。そしてけっきょくやめてしまう。それは、「慎重《しんちょう》な性格《せいかく》」なのかもしれないね。

マジメくんは完《かん》ぺき主義《しゅぎ》

マジメくんは完《かん》ぺき主義《しゅぎ》！　でも、一度《いちど》決《き》めたことを完《かん》ぺきにできないと、とたんにやる気《き》をなくしてしまうところがあるんだ。

ああっ！
1日《にち》できなかったから
もうやめた！

自分《じぶん》が思《おも》いえがいたとおりにできないと、いやになってあきらめてしまう。

それなら、「完《かん》ぺき主義《しゅぎ》な性《せい》格《かく》」なのかも。

なるほど！
だから、日記《にっき》も
「もうムリ！」って
思《おも》っちゃったんだ

アキミちゃんは好奇心《こうきしん》おうせい！

アキミちゃんは新《あたら》しいことに興味《きょうみ》いっぱい！　だから、1つのことをしばらく続《つづ》けると、べつの新《あたら》しいことが気《き》になっちゃうんだ。

新《あたら》しいことや楽《たの》しそうなことがあれば、そっちのほうがよく見《み》えてくる。それは、「好奇心《こうきしん》おうせいな性格《せいかく》」なんじゃないかな。

こうやってみると、続《つづ》けられない理由《りゆう》と自分《じぶん》の性格《せいかく》が、つながっているのがわかるね。

必要《ひつよう》なのは続《つづ》ける「ワザ」！

行《い》くよ！
パン
パン
パン
スゲー
やったー

続《つづ》けられない理由《りゆう》と自分《じぶん》の性格《せいかく》はつながっている。ということは、続《つづ》けるためには性格《せいかく》を変《か》えないといけないのかな？

そんなことはないよ！

だって、みんなの性格《せいかく》には、いいところだって、いっぱいあるからね。

じゃあどうすればいいだろう? どんな性格《せいかく》の人《ひと》だって、ときどき「まいっか」という気《き》もちになるのはあたりまえ。続《つづ》けることができる人《ひと》は、そんなときに、自分《じぶん》の性格《せいかく》に合《あ》った「ワザ」を使《つか》うことができるんだ。

さあ、きみもこの本《ほん》を読《よ》んで、続《つづ》けるワザを身《み》につけよう!

続《つづ》けると、すごい未来《みらい》が待《ま》っている！

「続《つづ》けること」には、すごいチカラがかくされている。

はじめはたいへんかもしれないけれど、続《つづ》けられることが増《ふ》えていくと、それがかけあわさって、あるところから一気《いっき》に成果《せいか》が出《で》るようになる。はじめは想像《そうぞう》もしなかったような、すごいところまで行《い》けるんだ。

続《つづ》けてきたことがきみのチカラになって、どんどんきみを押《お》し上《あ》げてくれる。これこそ「続《つづ》けるマジック」！

毎日料理《まいにちりょうり》のお手伝《てつだ》いをするぞ！
つくれるメニューが少《すこ》しずつ増《ふ》えた！
うわあ！おいしそう
フフン
発信《はっしん》も続《つづ》けるぞ！
YASASHI 0月0日
TARO おいしそー！
ROCK たべたーい
harapeco スゲー
つくった料理《りょうり》をネットで発信《はっしん》！

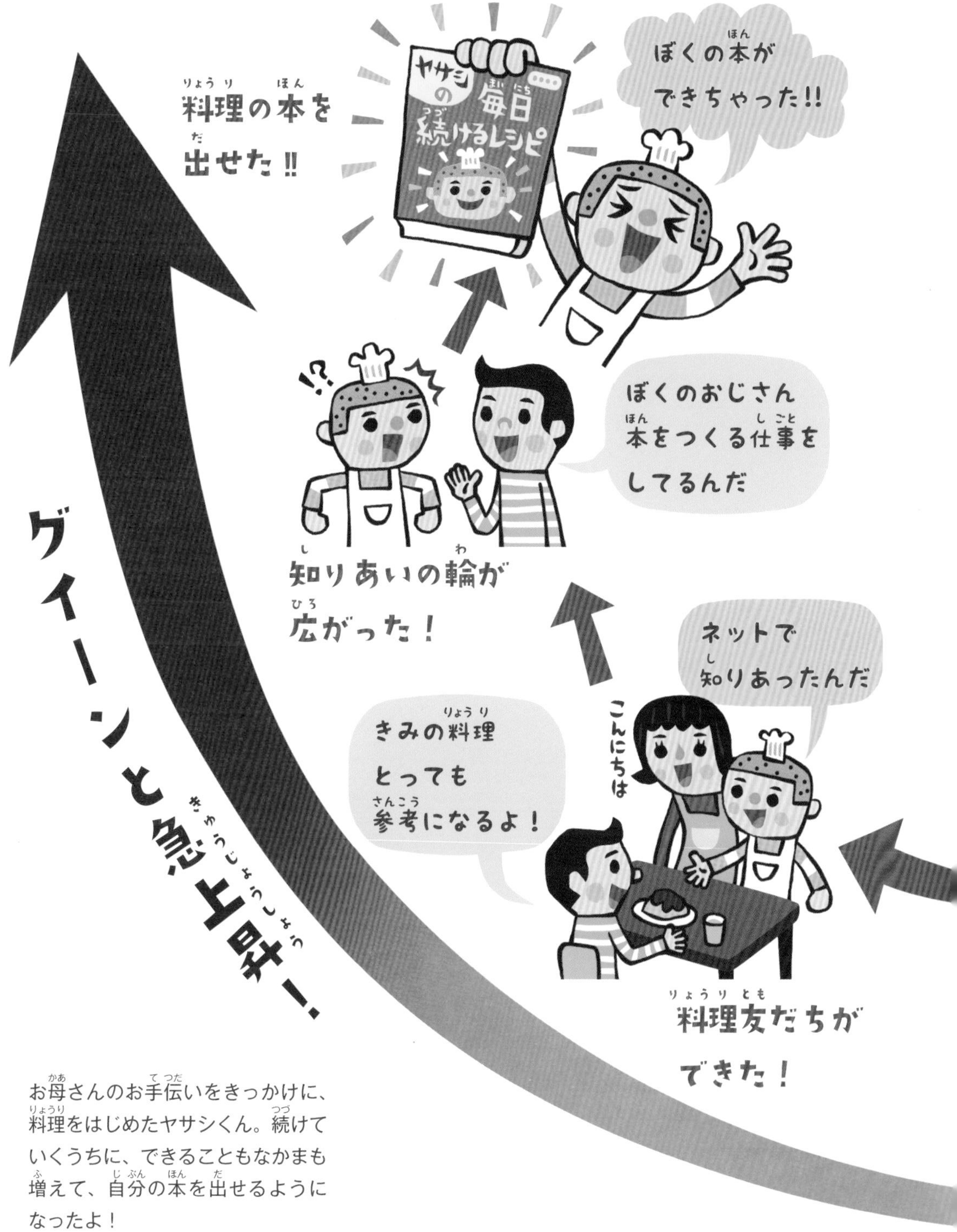
グイーンと急上昇《きゅうじょうしょう》ー！
料理《りょうり》友《とも》だちができた！
きみの料理《りょうり》とってもとっても参考《さんこう》になるよ！
こんにちは
ネットで知《し》りあったんだ
知《し》りあいの輪《わ》が広《ひろ》がった！
ぼくのおじさん本《ほん》をつくる仕事《しごと》をしてるんだ
!?
料理《りょうり》の本《ほん》を出《だ》せた!!
ヤサシの毎日《まいにち》続《つづ》けるレシピ
ぼくの本《ほん》ができちゃった!!

お母《かあ》さんのお手伝《てつだ》いをきっかけに、料理《りょうり》をはじめたヤサシくん。続《つづ》けていくうちに、できることもなかまも増《ふ》えて、自分《じぶん》の本《ほん》を出《だ》せるようになったよ！

「習慣《しゅうかん》ロケット」を打《う》ち上《あ》げよう！

毎日《まいにち》の歯《は》みがきって、「やらなくちゃ！」と思《おも》わなくても自然《しぜん》にできるよね。それは、歯《は》みがきがきみの「習慣《しゅうかん》」になっているから。最初《さいしょ》はめんどくさく思《おも》えることも、習慣《しゅうかん》にしてしまえば、ラクにできるようになるんだ。

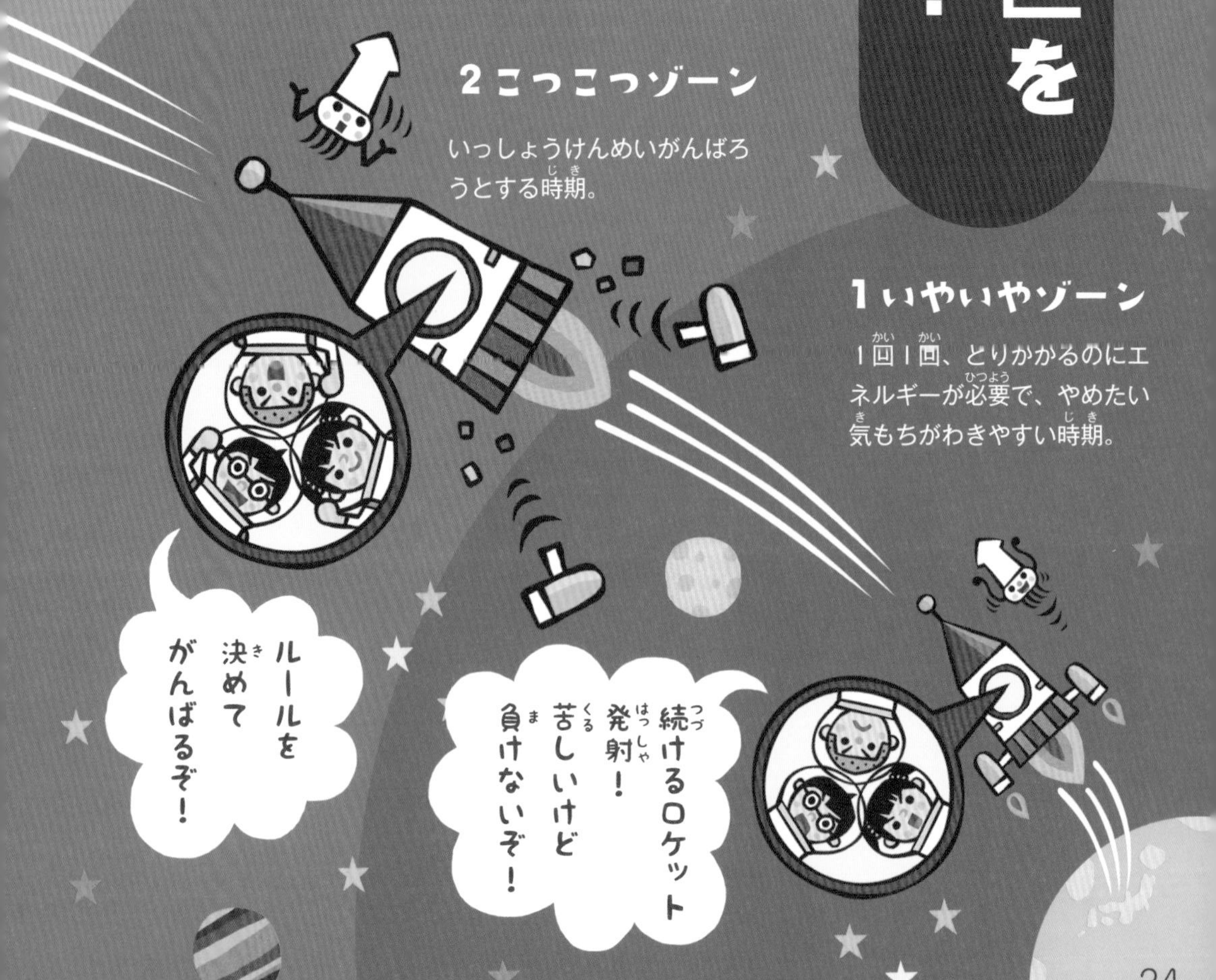
2こつこつゾーン
いっしょうけんめいがんばろうとする時期《じき》。
1いやいやゾーン
1回《かい》1回《かい》、とりかかるのにエネルギーが必要《ひつよう》で、やめたい気《き》もちがわきやすい時期《じき》。
続《つづ》けるロケット発射《はっしゃ》！苦《くる》しいけど負《ま》けないぞ！
ルールを決《き》めてがんばるぞ！

4らくらくゾーン

続《つづ》けることが習慣《しゅうかん》になり、なにも考《かんが》えなくても自然《しぜん》にできるようになる時期《じき》。

3あきあきゾーン

新鮮《しんせん》な気《き》もちを忘《わす》れて、続《つづ》けることにあきてしまい、やる気《き》がなくなる時期《じき》。

マイッタ〜
せっかく
ここまで
きたんだ！
工夫《くふう》するぞ！
習慣《しゅうかん》に
なったから
らっくらく〜

「続《つづ》けるマジック」を起《お》こすためには、3つのゾーンをとおりぬけて、続《つづ》けることを習慣《しゅうかん》にすることがポイントだよ。

まるで、地球《ちきゅう》から宇宙《うちゅう》にむかって飛《と》び立《た》つロケットのように、最初《さいしょ》はとてもエネルギーがいるけど、続《つづ》けるうちに、少《すく》ないエネルギーで飛《と》べるようになるよ。

いい習慣《しゅうかん》は、きみの一生《いっしょう》のたからもの。きみも、「習慣《しゅうかん》ロケット」を打《う》ち上《あ》げよう！

自分《じぶん》の苦手《にがて》を知《し》っておこう

「習慣《しゅうかん》ロケット」を発射《はっしゃ》する前《まえ》に、自分《じぶん》がどのゾーンでつまずきやすいか、考《かんが》えてみよう。

最初《さいしょ》の1歩《ぽ》がなかなかふみだせなくて、「いやいやゾーン」でやめてしまいそう？

それとも、少《すこ》し慣《な》れてきた「こつこつゾーン」で、つい気《き》もちがゆるんで、あきらめてしまうかな。

まいっかビ〜ム
やっぱり早起《はやお》きはやめてよく寝《ね》よう
まいっかビ〜ム
昨日《きのう》うっかりサボっちゃったもうやめようかな
日記《にっき》

マジメくんは、慣《な》れてきた「こつこつゾーン」が要注意《ようちゅうい》。なにかのつごうで計画《けいかく》がくずれると、あきらめてしまうんだ。

ヤサシくんは、はじめる前《まえ》から「やっぱり」「でも」といろいろ考《かんが》えてしまうから、「いやいやゾーン」でつまずきやすいよ。

「あきあきゾーン」まで続《つづ》けたころに、あきちゃったり、ほかのことに目《め》うつりしたりして、やる気《き》がしぼんでしまう人《ひと》もいるかも。

どのゾーンでつまずきやすいかは、人《ひと》それぞれ。

でも、つまずきそうなところを知《し》っていれば、自分《じぶん》に合《あ》った「続《つづ》けるワザ」を準備《じゅんび》しておくことができるよ。

つぎの2章《しょう》からは、どんなとき、どんなワザを使《つか》えばいいか、いっしょに学《まな》んでいこう！

みんなピンチ！
早《はや》く「続《つづ》けるワザ」を
学《まな》んで！
今日《きょう》もまた
散歩《さんぽ》かあ
めんどくさいなあ
ハァ…
?
まいっか
ビ〜〜ム

アキミちゃんは、最初《さいしょ》は楽《たの》しくはじめられるけど、同《おな》じことのくりかえしにあきてくる「あきあきゾーン」が心配《しんぱい》だね。

2章《しょう》

【いやいやゾーン】最《さい》初《しょ》の1歩《ぽ》をふみだそう!

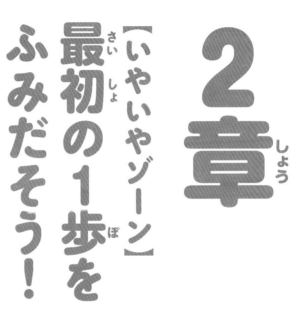

続《つづ》けることが「習慣《しゅうかん》」になるまでのあいだで、
いちばん苦《くる》しい最初《さいしょ》の1週間《しゅうかん》。
それが、「いやいやゾーン」だよ。
でもだいじょうぶ！
ここで紹介《しょうかい》するワザを身《み》につければ、
きみもきっと、乗《の》りこえることができるよ。

大《おお》きな目標《もくひょう》を具体的《ぐたいてき》にえがこう

うおおお〜
頂上《ちょうじょう》
あの山《やま》のてっぺんまで登《のぼ》るぞ！
すっごくつかれるかもしれないでも……
遠《とお》くの海《うみ》に沈《しず》む夕日《ゆうひ》が見《み》えるんだ！

ヤサシくんは、大《おお》きな山《やま》の頂上《ちょうじょう》に立《た》つ自分《じぶん》の姿《すがた》や、そこから見《み》える風景《ふうけい》まで想像《そうぞう》したよ。いろいろなことを具体的《ぐたいてき》に想像《そうぞう》したら、やる気《き》もどんどんわいてきたよ！

「山登《やまのぼ》りをしたい！」と思《おも》っても、目的地《もくてきち》が決《き》まっていなかったら、どの道《みち》を歩《ある》けばいいのか、どれくらい時間《じかん》がかかるのか、わからなくて困《こま》っちゃうよね。でも、目的地《もくてきち》を決《き》めておけば、胸《むね》をはって歩《ある》きはじめることができる。

なにかを続《つづ》けるときも、同《おな》じだよ。はじめる前《まえ》に、目標《もくひょう》をしっかり決《き》めること！　どんなに大《おお》きな目標《もくひょう》でもだいじょうぶ。だいじなのは、その目標《もくひょう》を、できるだけ具体的《ぐたいてき》に想像《そうぞう》することなんだ。目標《もくひょう》がはっきり見《み》えていると、続《つづ》けるチカラもぐんと強《つよ》くなるよ。

ぜったいがんばるぞ！
ぼく、感動《かんどう》して泣《な》いちゃうかも！

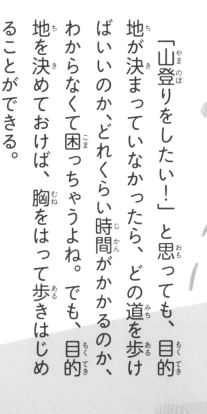

大《おお》きな目標《もくひょう》を「小《ちい》さな目標《もくひょう》」に分《わ》けよう

目標《もくひょう》が大《おお》きければ大《おお》きいほど、そこにたどりつくまでの道《みち》のりも、うんと長《なが》くて、たいへんだよね。じゃあ、どうしたらいいだろう？

大《おお》きな目標《もくひょう》を決《き》めたら、つぎにしなくちゃいけないこと、それは「いまなにをすればいいか」を考《かんが》えることだよ。

「今月《こんげつ》のうちにやること」「来《らい》月《げつ》になったらやること」というふうに、道《みち》のりを短《みじか》く区切《くぎ》って、ひとつひとつの区切《くぎ》りに、小《ちい》さ

な目標《もくひょう》を決《き》めるんだ。小《ちい》さな目標《もくひょう》が決《き》まったら、「いまやること」が見《み》えてくるよ。

発《はっ》表《ぴょう》会《かい》
7月《がつ》
一気《いっき》にぜんぶは
ひけないから、
曲《きょく》を分《わ》けて
練習《れんしゅう》しよう！
6月《がつ》まで
5月《がつ》まで
4月《がつ》まで
チョキ
チョキ
チョキ

発表会《はっぴょうかい》でひきたい曲《きょく》が決《き》まったアキミちゃん。曲《きょく》を少《すこ》しずつに区切《くぎ》って練《れん》習《しゅう》することにしたよ。

「なにを・いつまでに・どれくらい」を決《き》める

目標《もくひょう》も、毎日《まいにち》やることも、決《き》めておくといいポイントがあるよ。それは、「なにを」「いつまでに」「どれくらい」の３つ！

ツヅク先輩《せんぱい》
アドバイス！

決《き》めておくべき３つのポイント！

1 なにを

すぐにとりかかれるような、具体的《ぐたいてき》な行動《こうどう》にすること！たとえば、「からだをきたえる」よりも「なわとびをする」のほうが、すぐにとりかかれるよね。

---

2 いつまでに

「できるだけ早《はや》く」ではなく「○月《がつ》○日《にち》までに」というふうに、期限《きげん》を具体的《ぐたいてき》に決《き》めること。毎日《まいにち》やることも「いつ」を決《き》めると続《つづ》けやすいよ。

---

3 どれくらい

量《りょう》を数字《すうじ》であらわすこと。「たくさん」とか「少《すこ》しだけ」とかではなく、「10回《かい》」「5分《ふん》」というように決《き》めるといいよ。

目標《もくひょう》

1　二重《にじゅう》とびを

2　4年生《ねんせい》のうちに

3　10回《かい》できるようになる！

毎日《まいにち》やること

1　二重《にじゅう》とびを

2　夜《よる》ごはんまでに

3　5分《ふん》ずつ練習《れんしゅう》する！

ぼく、決《き》めました！
今日《きょう》から
がんばります！
Challenger-Mazime

苦手《にがて》ななわとびを克服《こくふく》すると決《き》めたマジメくん。「なにを・いつまでに・どれくらい」をしっかり決《き》めたよ！

こうすれば、すぐにとりかかれるし、あとで自分《じぶん》で「できた」「できなかった」を判断《はんだん》しやすくなるよね。紙《かみ》に書《か》いて、よく見《み》えるところにはっておくのがおすすめだよ。

いやいやゾーンの合言葉《あいことば》は「まず4日《よっか》！」

目標《もくひょう》にむかってスタートしたあと、いちばん最初《さいしょ》におそってくるピンチ、それは3日《みっか》ぼうず！

「なにをやっても3日《みっか》ぐらいでやめちゃうんだよなあ」っていう人《ひと》、多《おお》いんじゃないかな。

でも、それはきみの意志《いし》が弱《よわ》いからじゃない。人間《にんげん》の脳《のう》のはたらきのせいなんだ。脳《のう》は、なにかが変化《へんか》することに用心深《ようじんぶか》くて、「いつもどおり」にもどそうとする。新《あたら》しいこと

2日《ふつか》め
いつもとちがう！
めんどうだなぁ…
のう
いつもとちがう！
のう
1日《にち》め
だるい…

「毎朝《まいあさ》ラジオ体操《たいそう》をする！」と決《き》めたヤサシくん。最初《さいしょ》はめんどくさかったけど……

を「いやだな」「やりたくないな」と思《おも》ってしまうんだ。この期間《きかん》が「いやいやゾーン」だよ。

でも4日《よっか》めくらいから、脳《のう》は「新《あたら》しいこと」を「いつものこと」と感《かん》じるようになっていくよ。

4日《よっか》め
いつものこと!
のう

がんばって4日《よっか》続《つづ》けたら、ラクにからだを動《うご》かせるようになったよ！　ラジオ体操《たいそう》をするのが「いつもどおり」になったんだね。

ここがさかいめ!
いつもとちがう!
のう
3日《みっか》め
しんどいなぁ…

「ものたりない」がちょうどいい

明日《あした》のぶん

脳《のう》が続《つづ》けることにすっかり慣《な》れるまでには、だいたい1週間《しゅうかん》が必要《ひつよう》。この1週間《しゅうかん》のいやいやゾーンでいちばんたいせつなの

こっちも片付《かたづ》けたいけど……
明日《あした》の楽《たの》しみにしよう！

部屋《へや》を片付《かたづ》けようと決《き》めたアキミちゃん。一度《いちど》にぜんぶ片付《かたづ》けるのではなく、少《すこ》しずつに分《わ》けて、片付《かたづ》けることにしたよ。

は、すこしでいいから「これなら絶対《ぜったい》できる！」と思《おも》えることをかならず毎日《まいにち》やる、ということだよ。

「早《はや》く目標《もくひょう》にたどりつきたい！」という気《き》もちがあっても、そこはグッとがまん。「ものたりないな」「もっとやりたいな」と思《おも》うくらいでやめて、明日《あした》のやる気《き》につなげよう。

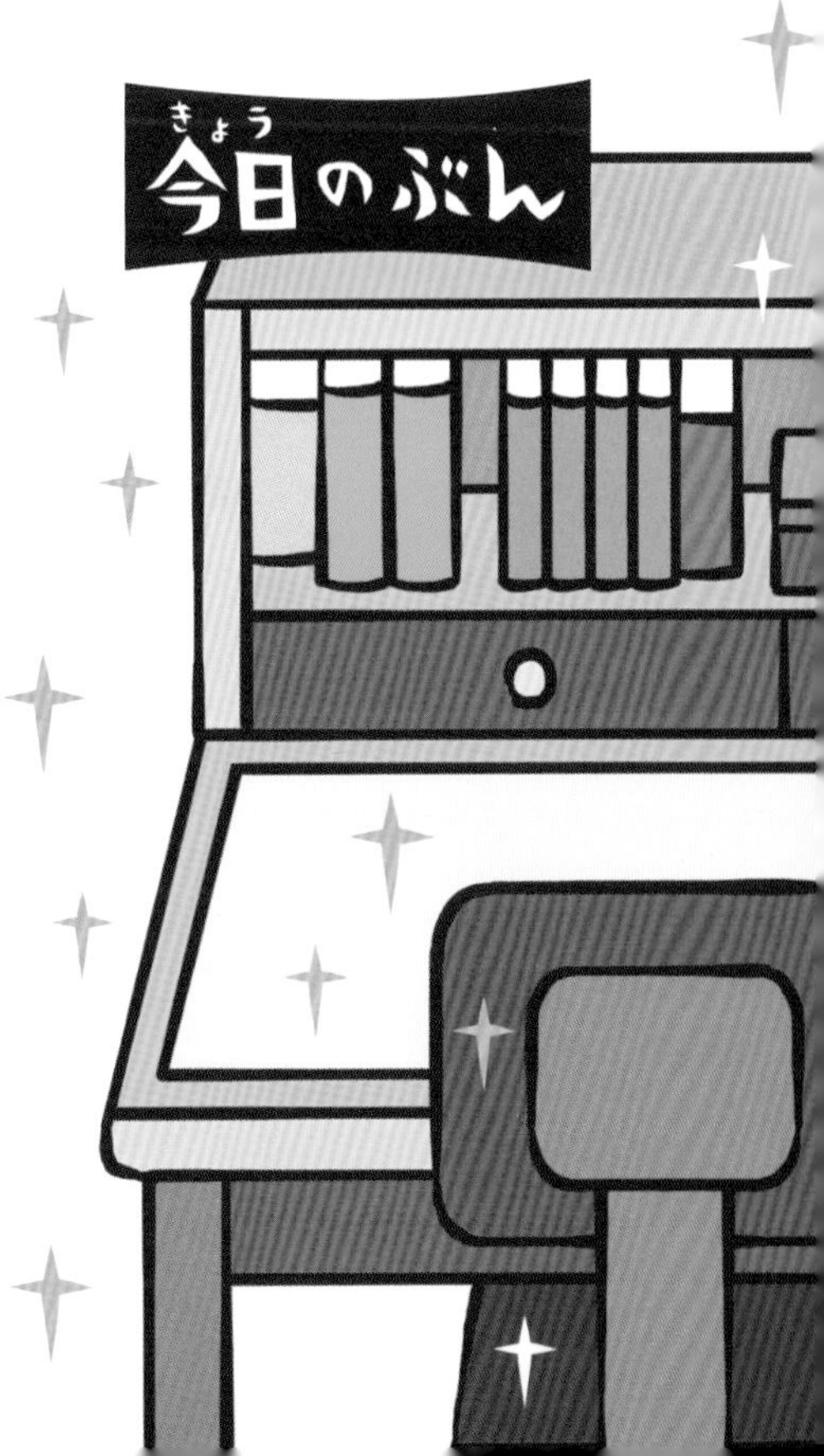

ツヅク先輩《せんぱい》アドバイス！

1日《にち》にやる量《りょう》はこう決《き》めよう！

- 「これなら絶対《ぜったい》できる」と自《じ》分《ぶん》で思《おも》える量《りょう》に設定《せってい》！
- ちょっとものたりないくらいにしておくと、つぎが楽《たの》しみになるよ！

「あれもこれも」は失敗《しっぱい》のもと

やりたいことがいっぱいあるマジメくん。ぜんぶ一度《いちど》に手《て》を出《だ》そうとしても、うまくいかないよ。あせらずに1つずつはじめよう!

「あれも続《つづ》けたい」「これも習慣《しゅうかん》にしたい」って、やりたいことがたくさんうかぶ人《ひと》もいるかな?

でも、いくつも同時《どうじ》にはじめるのは失敗《しっぱい》のもと! 最初《さいしょ》のいやいやゾーンはいちばんたいへんなときだから、あれもこれも手《て》をだしてはいけないよ。

あわてなくても、1～3か月《げつ》くらい続《つづ》ければ「らくらくゾーン」にたどりつける。そうしたら、新《あたら》しいことをはじめればいいんだ。

塾《じゅく》の予習《よしゅう》だって
完《かん》ぺきにやりたい
本《ほん》もたくさん
読《よ》むぞ!
うわ〜っ
こんなにムリ〜!

マイッカ!

1つのことが習慣《しゅうかん》になってから、つぎのことをはじめる。これが習慣《しゅうかん》を増《ふ》やすコツだよ。

「早《はや》くやる」よりも「毎日《まいにち》やる」を優先《ゆうせん》しよう

2日《ふつか》か3日《みっか》うまく続《つづ》けることができると、きみはそのことに満足《まんぞく》して、こんなふうに思《おも》うかもしれないね。

「明日《あした》のぶんも、まとめてやっちゃえ！」

たしかに、夏休《なつやす》みの宿題《しゅくだい》みたい

毎日続《まいにちつづ》けると決《き》めた犬《いぬ》の散歩《さんぽ》。アキミちゃんは「早《はや》めに2日《ふつか》ぶんやっちゃって、明日《あした》はサボろう」と考《かんが》えているみたい。でも、それではなかなか習慣《しゅうかん》にはならないよ。

に終《お》わりのあるものなら、早《はや》く終《お》わらせるのはいいことだね。

でも終《お》わりがなくて、習慣《しゅうかん》としてずっと続《つづ》けていきたいことは、やっぱりあせっちゃいけないよ。脳《のう》は、毎日《まいにち》同《おな》じことをくりかえすことで、はじめて「いつもどおり」と思《おも》ってくれるからね。

「早《はや》くやる」よりも「毎日《まいにち》やる」を優先《ゆうせん》させる。これが長《なが》く続《つづ》けるポイントだよ。

「できた」を記録《きろく》して「見《み》える化《か》」しよう

いやいやゾーンを乗《の》りきるワザは、ほかにもあるよ。やったことを記録《きろく》して、目《め》で見《み》てわかる形《かたち》にするんだ。これを「見《み》える化《か》」というよ。

リビングのカレンダーだから毎日《まいにち》見《み》る！
家族《かぞく》にも見《み》てもらえてやる気《き》アップ！

ツヅク先輩《せんぱい》アドバイス！

記録《きろく》は見《み》やすく つけやすく！

- 「やったときだけシールをはる」など、記録《きろく》の方法《ほうほう》はできるだけシンプルに！
- よく見《み》える場所《ばしょ》にはっておこう！
- シール（ペンやスタンプでもいいよ）もすぐそばに置《お》いておこう！

20XX
31 1 2
7 8 9
14 15 16
21 22 23
28 29 30

ヤサシくんは、リビングのカレンダーにシールをはって、「できた」を目《め》に見《み》える形《かたち》にしたよ。

ただなんとなくやっているだけでは、成果《せいか》がいまいち実感《じっかん》できないよね。でも、記録《きろく》を見《み》れば、「自分《じぶん》にもできるんだ！」と自信《じしん》をもったり、「明日《あした》もやるぞ！」とやる気《き》を高《たか》めたりすることができるんだ。

シールは
カレンダーの
すぐそばに
準備《じゅんび》！

少《すこ》しでも行動《こうどう》できていればオーケー!!
今日《きょう》は中身《なかみ》は読《よ》めなかったけど……
本《ほん》の表紙《ひょうし》は見《み》ることができました!
パチ
本《ほん》にさわったのがえらいぞ!
表紙《ひょうし》を見《み》るのも読書《どくしょ》よ!

たまには、決《き》めたとおり完《かん》ぺきにはできない日《ひ》だって、あるよね。

そんなときは、「なにができなかったか」ではなくて、「なにができたか」に注目《ちゅうもく》しよう。

いやいやゾーンでだいじなのは、「毎《まい》日《にち》続《つづ》けること」だったよね。ちょっとでもなにか行動《こうどう》をしたなら、続《つづ》けられたということ！　完《かん》ぺきにできなくても、「できた」の記録《きろく》にしるしをつけていいんだ。

毎日《まいにち》やると決《き》めた読書《どくしょ》。今日《きょう》はいそがしくて中身《なかみ》を読《よ》むことはできなかったけど、いすに座《すわ》って表紙《ひょうし》とむきあうという「行動《こうどう》」をしたよ。

前《まえ》むきなことばに置《お》きかえよう！

- 「表紙《ひょうし》しか見《み》られなかった」っていうと、気《き》が重《おも》くなっちゃうよね。だから、「表紙《ひょうし》は見《み》られた！」といいかえよう！
- 前《まえ》むきなことばに置《お》きかえることも、続《つづ》けるワザだよ。

失敗《しっぱい》してもだいじょうぶ！

いつもより２時間早《じかんはや》く起《お》きるのを目標《もくひょう》にしたヤサシくん。でも、ねむくて２日《ふつか》も続《つづ》かなかったんだ。

この目標《もくひょう》
ぼくには
高《たか》すぎたみたい
ネムイ…
ジリリリリ
マイッカ〜〜

高《たか》い
レベル
低《ひく》い

いやいやゾーンをぬけるのは、だれにとってもたいへんなこと。失敗《しっぱい》してしまうことだってあるかもしれない。

でも、あきらめる必要《ひつよう》はないよ！

いやいやゾーンで失敗《しっぱい》したときは、1日《にち》にやる量《りょう》やレベルを見《み》なおしてみよう。そして、自分《じぶん》にちょうどいい量《りょう》やレベルに、設定《せってい》しなおすんだ。

「どうして続《つづ》かなかったのかな」と考《かんが》えることは、自分《じぶん》のつまずきやすいところを知《し》るチャンスでもあるよね。失敗《しっぱい》は悪《わる》いことじゃない。たいせつなのは、あきらめず、何度《なんど》でもチャレンジすることだよ！

マイッタ〜
これなら続《つづ》けられそう！
ジリリリリリリリ

そこで、30分《ぷん》だけ早《はや》く起《お》きることにしたら、うまく続《つづ》けられたよ。ヤサシくんは「8時間《じかん》寝《ね》ないと元気《げんき》になれない」と気《き》づいたみたい。

小《ちい》さな変化《へんか》に気《き》づこう

1週間《しゅうかん》、部屋《へや》の片付《かたづ》けを続《つづ》けたアキミちゃん。ちょっとした努力《どりょく》が、こんなにたくさんの実《みの》りにつながったよ！

部屋《へや》を広《ひろ》く感《かん》じる
気《き》もちがいい！
忘《わす》れものが減《へ》った

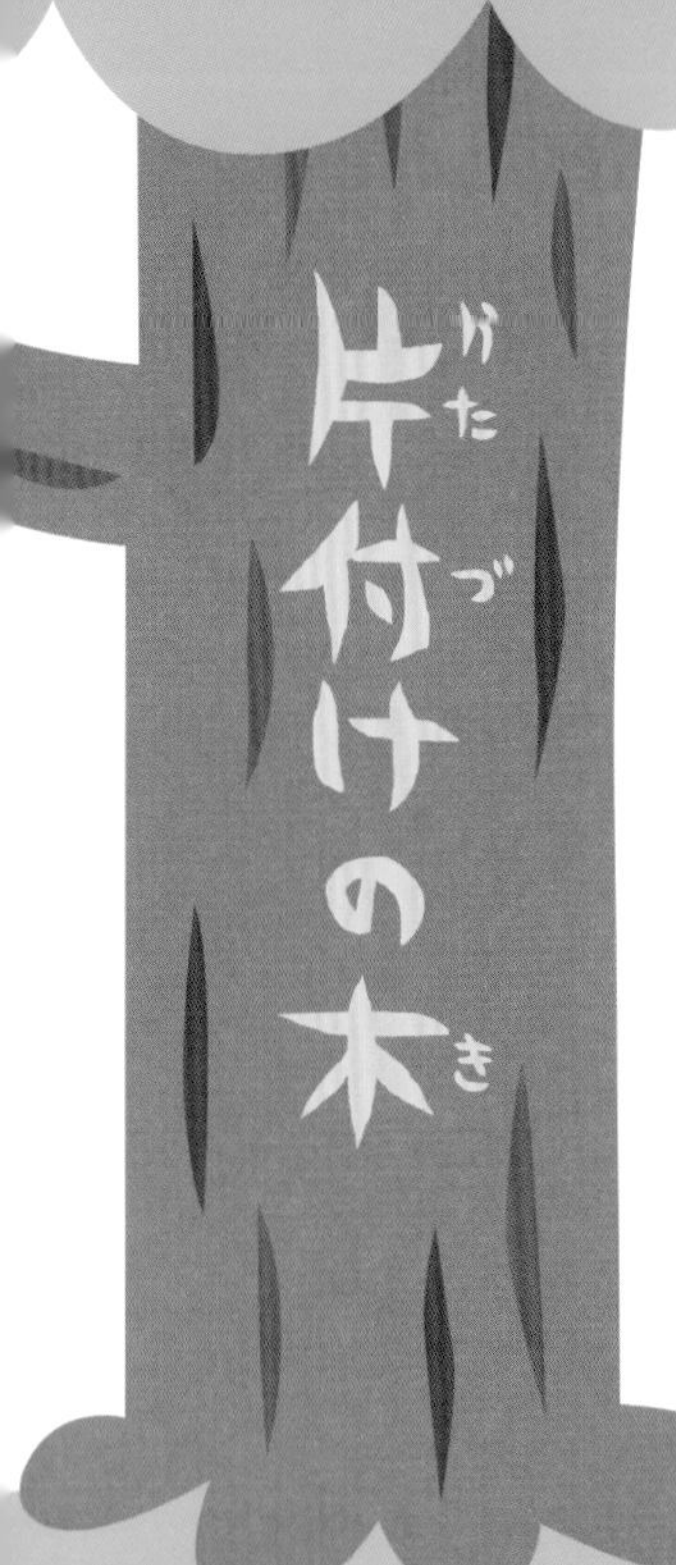
片《かた》付《づ》けの木《き》

新《あたら》しいことをはじめて1週《しゅう》間《かん》。よくがんばって続《つづ》けてきたね！　さて、ここらへんで、一《いち》度《ど》チェックをしてみよう。はじめる前《まえ》となにか変《か》わったところはないかな？

自分《じぶん》の気《き》もち、家族《かぞく》のようす、それに、予想《よそう》もしていなかったいいことが起《お》きたとか。どんな小《ちい》さなことでもいいから、書《か》きだしてみよう。

部屋《へや》にいて
落《お》ちつく
モノをなくす
回数《かいすう》が減《へ》った
なくした
消《け》しゴムが
見《み》つかった
友《とも》だちを
呼《よ》びたく
なった
使《つか》うものを
すぐ
見《み》つけられる
お母《かあ》さんが
ほめて
くれた！

大《おお》きな目標《もくひょう》までの道《みち》のりは、まだまだ長《なが》いかもしれない。でも、なにかが少《すこ》し変《か》わったことを、きみがいちばん感《かん》じているんじゃないかな。

小《ちい》さな変化《へんか》を見逃《みのが》さずに、きちんと気《き》づくことが、続《つづ》けるチカラになるよ。これからも、ときどきチェックしてみてね。

「いやいやゾーン」を乗《の》りこえて、
続《つづ》けることをスタートできたかな？
つぎはいよいよ「こつこつゾーン」へ突入《とつにゅう》！
どんな困難《こんなん》が待《ま》ち受《う》けているんだろう。
どうすれば、打《う》ち勝《か》つことができるかな？
いっしょに学《まな》んでいこう！

3章《しょう》

【こつこつゾーン】続《つづ》けるためのしくみをつくろう！

1日《にち》にやる量《りょう》を見《み》なおそう

最初《さいしょ》の1週間《しゅうかん》の「いやいやゾーン」をぬけて、「こつこつゾーン」にたどりついたね。

自分《じぶん》に少《すこ》し自信《じしん》がついてきたら、1日《にち》にやる量《りょう》やレベルを見《み》なおしてみよう。

たとえば、読書《どくしょ》を1日《にち》10分《ぷん》からはじめていたら、20分《ぷん》にのばしてみる。部屋《へや》の片付《かたづ》けを3日《みっか》かけてしていたのなら、1日《にち》でぜんぶ片付《かたづ》けてみるのもいいね。

そろそろ1日《にち》の量《りょう》を増《ふ》やそう
ほんの少《すこ》しずつだけしか進《すす》まないなあ
サッ
サッ
サッ
スタート
ズルズル…

いやいやゾーンではみんな、ものたりないくらいの量《りょう》を毎日続《まいにちつづ》けてきたよ。

こつこつゾーンでは、目《もく》標《ひょう》を達成《たっせい》できるように1日《にち》の量《りょう》を増《ふ》やして、どんどん進《すす》んでいこう！

はじめはむずかしかったことも、いまなら、きっとできるはず！

大《おお》きな目標《もくひょう》を達成《たっせい》するためには、1日《にち》にどれくらい進《すす》めばいいだろう。しっかり見《み》なおして、つぎの1歩《ぽ》をふみだそう！

こつこつゾーンは「しくみづくり」がカギ！

しばらく続《つづ》けていると、もしかしたらこんな経験《けいけん》をすることもあるんじゃないかな。

「やらなきゃいけないことを、うっかり忘《わす》れていた！」

「本《ほん》を読《よ》む予定《よてい》だったのに、友《とも》だちがあそびにきちゃった！」

「どうしても、やる気《き》が出《で》ない……」

うわぁ！おそってきた～！
しくみ

ウッカリベエ

一時的《いちじてき》に、やるべきことの記憶《きおく》を消《け》してしまうじゃま者《もの》。記憶《きおく》をもどしてくれるのは、いつも手《て》おくれになってから。

マイッカくん率《ひき》いるじゃま者《もの》たちがおそってきた！　マジメくんは「しくみ」で攻撃《こうげき》をかわそうとしているよ。

ケーカククズシ

突然《とつぜん》あらわれて、計画《けいかく》をこわしてしまうじゃま者《もの》。友《とも》だちの誘《さそ》いや、急《きゅう》な用事《ようじ》などをつれてくることが多《おお》い。

ヤルキナクシ

足音《あしおと》も立《た》てずに近《ちか》づいて、気《き》づかないうちにやる気《き》を吸《す》いとってしまうじゃま者《もの》。長《なが》くいすわることもある。

こんなとき、「ああ、できなかった、がっかり。もうどうでもいいや！」と、続《つづ》けてきたことをやめたくなってしまうよね。これこそ、こつこつゾーンの落《お》とし穴《あな》！

そこで、こつこつゾーンでは、こんな落《お》とし穴《あな》に落《お》ちないための、「しくみ」をつくっていくよ。

「しくみ」にはいろいろなものがあるから、自分《じぶん》にできそうなものからためしてみよう！

決《き》まった時間《じかん》・決《き》まった流《なが》れで

こつこつゾーンを乗《の》りきるしくみ。その1つは、「やる時間《じかん》を決《き》める」というものだよ。

決《き》めるときは、細《こま》かい時刻《じこく》を決《き》めるよりも、「朝起《あさお》きたあと、朝《あさ》ごはんの前《まえ》」というふうに、「いつもの流《なが》れ」のどこに入《い》れるかを決《き》めるのがポイント。

毎朝《まいあさ》の流《なが》れ
6:30
ラジオ体操《たいそう》
6:40
朝《あさ》ごはん
7:00
歯《は》みがき
7:10
トイレ
7:20
着《き》がえ
7:30
登校《とうこう》
ラジオ体操《たいそう》は起《お》きてすぐ、朝《あさ》ごはんの前《まえ》にやる！

慣《な》れてくると、「目《め》が覚《さ》めたから、つぎはラジオ体操《たいそう》だな」というふうに、からだが自然《しぜん》に動《うご》くようになるんだ。

これなら、うっかり忘《わす》れてしまうことも、毎回《まいかい》そのために時間《じかん》をつくる必要《ひつよう》もないから、続《つづ》けやすくなるよ。

ラジオ体操《たいそう》の時間《じかん》を、「朝起《あさお》きたあと、食事《しょくじ》の前《まえ》」と決《き》めたヤサシくん。しばらくすると、ラジオ体操《たいそう》をしないと「いつもとちがうぞ」と感《かん》じるようになったよ。

「いつもの場《ば》所《しょ》」を決《き》めよう

アキミちゃんは、「勉強《べんきょう》は学校帰《がっこうがえ》りの図書館《としょかん》」「ピアノの練習《れんしゅう》は、ピアノのある自分《じぶん》の部屋《へや》」「休《きゅう》けいは、ベランダのハンモック」というふうに、「いつもの場所《ばしょ》」を決《き》めたよ。

きみは、毎晩《まいばん》どこでごはんを食《た》べる？　きっと決《き》まった場所《ばしょ》があるよね。ほかにも、そとから帰《かえ》って手《て》を洗《あら》う場所《ばしょ》、夜《よる》ねむる場所《ばしょ》。それぞれに、「いつもの場所《ばしょ》」があるんじゃないかな。

続《つづ》けることにも、それをするための「いつもの場所《ばしょ》」を決《き》めるといいよ。たとえば、勉強《べんきょう》はいつもの図書館《としょかん》でやるとか、サッカーの練習《れんしゅう》はいつもの公園《こうえん》でやるとか。

「いつもの場所《ばしょ》」を決《き》めておくと、その場所《ばしょ》に行《い》っただけで、「さあやるぞ！」と気《き》もちが切《き》りかわるようになるんだ。

気《き》もちを切《き》りかえやすくなったから、それぞれの時間《じかん》がいままでより充実《じゅうじつ》しているみたいだね。

同《おな》じ部屋《へや》のなかで「コーナー分《わ》け」してもオーケー

大公開《だいこうかい》！ツヅク先輩《せんぱい》の部屋《へや》
あそびコーナー
音楽《おんがく》を聞《き》いたり、スマホを見《み》たりする場所《ばしょ》。
勉強《べんきょう》コーナー
部屋《へや》のなかをコーナー分《わ》けしているよ！
つくえのまわりは勉強専用《べんきょうせんよう》！マンガもここでは読《よ》まないよ。
寝《ね》るコーナー
「ベッドは寝《ね》るだけ」と決《き》めたら、寝《ね》る前《まえ》にダラダラしなくなったよ。

これはやっちゃダメ！

人《ひと》に決《き》めてもらう

人《ひと》が決《き》めたことは、けっきょくやらなくなってしまうよ。自分《じぶん》で決《き》めて、実行《じっこう》すること！

ほかのことをする

からだに「ここは○○をする場所《ばしょ》」と覚《おぼ》えてもらうには、それ以外《いがい》のことをしないこともたいせつだよ。

関係《かんけい》ないものを置《お》く

関係《かんけい》ないものが目《め》に入《はい》ると、ほかのことをしたくなってしまう原因《げんいん》になるよ。

「いつもの場所《ばしょ》」をもつのはむずかしい！という人《ひと》には、1つの部屋《へや》をいくつかのコーナーに分《わ》ける「コーナー分《わ》け」がおすすめだよ。

ルールは、「人《ひと》に決《き》めてもらわない」「関係《かんけい》ないものを置《お》かない」「ほかのことをしない」ということ。

こうすると、からだが「ここは○○をする場所《ばしょ》」と覚《おぼ》えやすくなるよ。そして、その場所《ばしょ》に移動《いどう》するだけで、やるべきことにすんなりとりかかれるようになるんだ。

「めんどくさい」をとりのぞこう

もしきみが、「毎日本《まいにちほん》を読《よ》むぞ！」と決《き》めたとしても、その本《ほん》をカギつきの本棚《ほんだな》にしまっていたら、毎日《まいにち》とりだすのがちょっとめんどくさいんじゃないかな。

こんな「めんどくさい」をとりのぞいておくことも、しくみづくりの1つだよ。

いつも使《つか》っているランドセルに本《ほん》を入《い》れておけば、「読《よ》みたいな」と思《おも》ったときにサッと読《よ》めるよ

ランドセルの
ポケットに
本《ほん》を入《い》れておけば
バスのなかで
サッと読《よ》めるよ！

ね。本《ほん》を読《よ》む場所《ばしょ》が決《き》まっている人《ひと》は、その場所《ばしょ》に置《お》いておくのもいいね。
サッととりかかる自分《じぶん》の姿《すがた》を想《そう》像《ぞう》しながら、工夫《くふう》してみよう。

日記帳《にっきちょう》は
勉強《べんきょう》づくえの上《うえ》に
立《た》てておこう！
サッと書《か》きはじめ
られるぞ！
日記

なわとびと
スニーカーは
縁側《えんがわ》に置《お》いておけば
庭《にわ》にサッと
出《で》られるはず！

マジメくんは、どうすればサッとはじめられるか想像《そうぞう》しながら、「めんどくさい」をとりのぞく方法《ほうほう》を考《かん》えたよ。

「プチごほうび」でワクワクしよう

長《なが》く続《つづ》けていれば、「なんだかやる気《き》が出《で》ないなあ」って日《ひ》はだれにだってやってくる。そんな日《ひ》を乗《の》りきらせてくれるのが、「プチごほうび」だよ。

プチごほうびは、やる気《き》が出《で》なくなって

ヤサシくんは、「1週間《しゅうかん》ランニングを続《つづ》けられたら、朝《あさ》ごはんにデザートを追加《ついか》！」というごほうびを決《き》めたよ。

から決《き》めるのではなく、計画《けいかく》を立《た》てるときに、いっしょに決《き》めておくこと。具体的《ぐたいてき》な期限《きげん》と内容《ないよう》も設定《せってい》しよう。

それから、プチごほうびはあんまりぜいたくなものにしないのが、長《なが》く続《つづ》けるポイントだよ。

自分《じぶん》が「うれしい」と思《おも》うことはなんだろう？　プチごほうびを想像《そうぞう》するときのワクワクした気《き》もちが、がんばるチカラになるよ。

スランプは「スペシャルごほうび」で乗《の》りきる！

やらなくてはいけないとわかっているのに、どうしてもやる気《き》になれなかったり、やってもうまくいかなかったり。こんな日《ひ》が続《つづ》いてしまうことを「スランプ」というよ。

そんなときは、自分《じぶん》に「スペシャルごほうび」をプレゼントしちゃおう！

スランプになるのは、きみががんばっているしょうこ。できない自分《じぶん》をせめるとスランプは大《おお》きくなってしまう。

記録《きろく》がのびない……
走《はし》りたくない……
ううう…
もしかしてスランプかも！

最初《さいしょ》は走《はし》るたびに記録《きろく》がのびていたのに、最近《さいきん》のびなやんでいるヤサシくん。とうとう走《はし》るのがいやになってしまったよ。

それよりも、友《とも》だちとたっぷりあそんだり、ずっと見《み》たかった映画《えいが》を見《み》たりと、思《おも》いきってやりたかったことをやってしまうんだ。「やらなくちゃ」を頭《あたま》から追《お》いだして、楽《たの》しい気《き》もちでこころをいっぱいにするのがコツ！　いつの間《ま》にか、スランプは小《ちい》さくなっているはずだよ。

ただし、スランプがしょっちゅうやってくるようだったら、目標《もくひょう》や、続《つづ》けることの内《ない》容《よう》を見《み》なおしてみたほうがいいかもしれないね。

むずかしく考《かんが》えすぎていたみたい！
レッツゴー！

走《はし》るのをやめて公園《こうえん》であそんでいたら、すっかりスランプからぬけたみたい！「走《はし》るのが楽《たの》しい！」という気《き》もちをとりもどしたよ。

「ばつゲーム」を宣言《せんげん》しよう

宣言《せんげん》

ばつゲーム
なわとびの練習《れんしゅう》を
サボったら
妹《いもうと》におやつを
半分《はんぶん》あげます！

プチごほうび
ちゃんとできたら、
家族《かぞく》みんなに
ほめてもらいます！

できたときの「プチごほうび」を決《き》めたら、できなかったときの「ばつゲーム」も決《き》めておくといいよ。

だれでも「ごほうびがほしい！」という気《き》もちと同《おな》じくらい、「いやなことはしたくない！」という気《き》もちも強《つよ》いからね。その気《き》もちをじょうずに使《つか》えば、続《つづ》けるチカラになるよ。

「なわとびをサボったら、妹《いもうと》におやつを半分《はんぶん》あげるよ！」と約束《やくそく》したマジメくん。「おやつをあげるのはくやしいから、ぜったいにサボらないぞ！」っていう気《き》もちになったよ。

いつになったら
サボるのかなあ……
がんばれ〜

ばつゲームは、こころから「やりたくない」と思《おも》えるものにして、がんばらないといけない状況《じょうきょう》をつくろう。1人《ひとり》でやるより、だれかに約束《やくそく》すると、いっそう効果《こうか》があるよ。

ツヅク先輩《せんぱい》
アドバイス！

宣言《せんげん》を書《か》いて みんなに見《み》せよう！

- 「ばつゲーム」や「プチごほうび」などの宣言《せんげん》は、紙《かみ》に書《か》いて、家《か》族《ぞく》や友《とも》だちに見《み》せよう。

- 「みんなが知《し》っているから、がんばらなくちゃ！」と思《おも》えて、続《つづ》けるはげみになるよ。

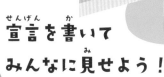

進《すす》みぐあいをチェックしよう

山登《やまのぼ》りのとちゅうに「5合《ごう》め」の看板《かんばん》を見《み》つけると、「ついに折《お》りかえし地点《ちてん》まできたんだ！」と元気《げんき》が出《で》るよね。

「夏休《なつやす》みのうちに200メートル泳《およ》げるようになる」という目標《もくひょう》を決《き》めたアキミちゃん。泳《およ》げたきょりをグラフにしたら、目標《もくひょう》までの進《すす》みぐあいをチェックすることにしたよ。

目標《もくひょう》200メートル
いまはココ！
最初《さいしょ》にくらべたらこんなに目標《もくひょう》に近《ちか》づいたんだ！
8
9
10
11
12
16
17

こんなふうに、「ここまできたんだ！」という達成感《たっせいかん》を感《かん》じることは、長《なが》く続《つづ》けていくはげみになるんだ。

そこで、進《すす》みぐあいをチェックして、目標《もくひょう》までのきょりが短《みじか》くなっていることを、確認《かくにん》しよう。

こつこつゾーンのときからやってきた「できた」の記録《きろく》を見《み》かえしたり、いやいやゾーンのころといまの自分《じぶん》をくらべて、変《か》わったことを書《か》きだしたりするのもいいね。

成果《せいか》がわかると、続《つづ》けるチカラがわいてくるよ！

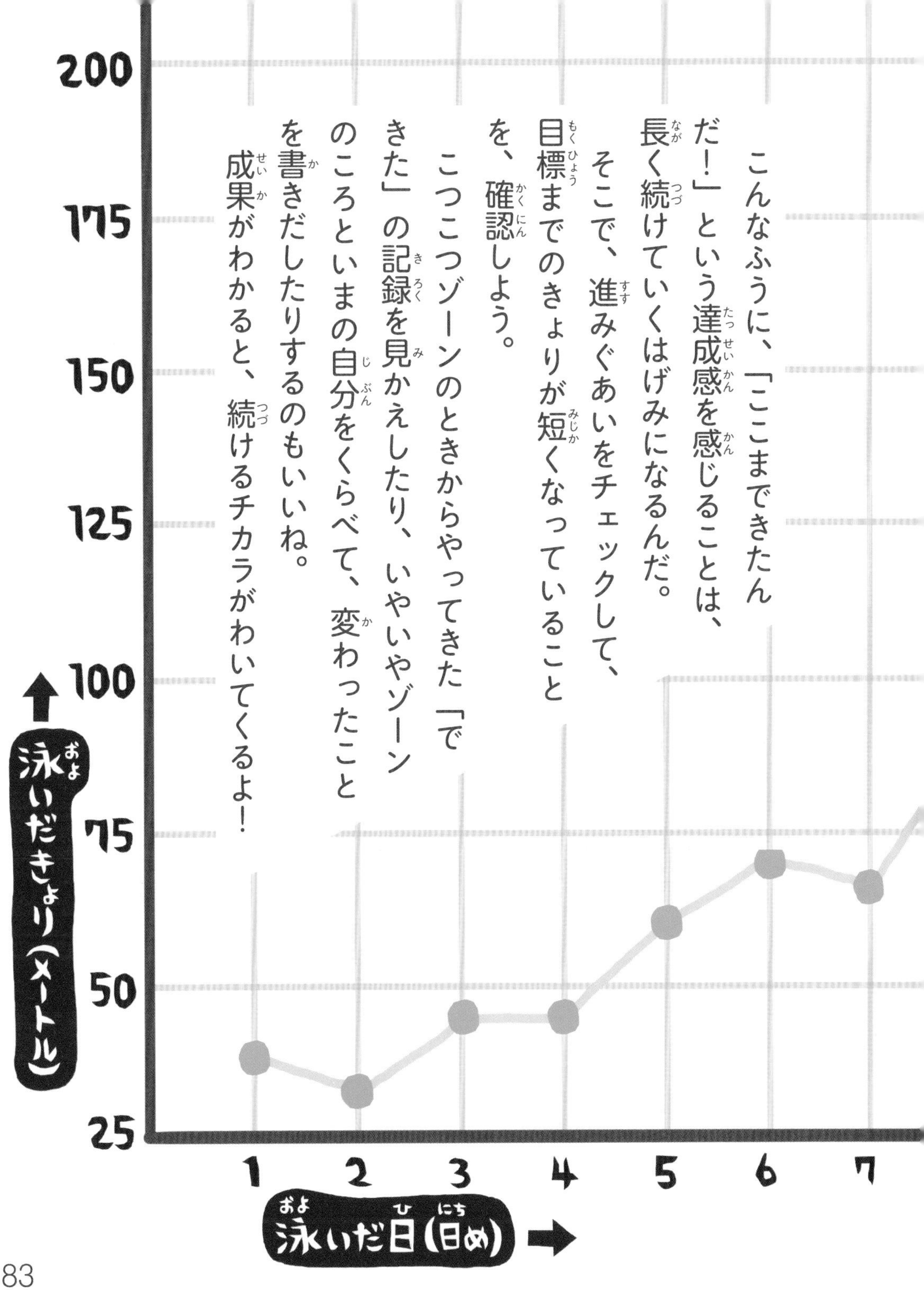

「特別《とくべつ》ルール」でとぎれないしくみに

一度《いちど》計画《けいかく》がくずれると、気《き》もちが折《お》れてしまったり、それがきっかけでサボってしまったりする人《ひと》も、いるんじゃないかな。でも、続《つづ》けてきたことがたった1日《にち》のことでとぎれてしまったら、もったいないよね。

そんなときに役《やく》に立《た》つのが「特別《とくべつ》ルール」だよ！

あらかじめ「特別《とくべつ》ルール」を決《き》めておけば、いざというときに落《お》ちついて行動《こうどう》できる。そして、つぎの日《ひ》からまた、気《き》もちよく続《つづ》けることができるよ。

続《つづ》けられ
なかった……
もうダメだ

なわとびを続《つづ》けてきたマジメくん。かぜで1日《にち》休《やす》んだら、続《つづ》けられなかったことにがっかりして、やる気《き》をなくしてしまったよ。

これでもう
だいじょうぶ！

ぼくの特別《とくべつ》ルール5か条《じょう》

うっかり忘《わす》れてしまったら

思《おも》いだしたときにやる！
思《おも》いだせなかったら、つぎの日《ひ》に2回分《かいぶん》やる。
何日《なんにち》かに分《わ》けてもよい。

からだのぐあいが悪《わる》いとき

ムリせずに休《やす》んで、元気《げんき》をとりもどす！
なおったら、いつもどおりにやる。

習《なら》いごとがある日《ひ》

やることを半分《はんぶん》に減《へ》らす。

友《とも》だちがあそびにきたら

やることを半分《はんぶん》に減《へ》らす。

雨《あめ》が降《ふ》ったら

つぎの日《ひ》の朝《あさ》やる。
つぎの日《ひ》の朝《あさ》も雨《あめ》だったら、休《やす》みにする。

とりかかれば やる気《き》は生《う》まれる

毎日日記《まいにちにっき》をつけると決《き》めていたヤサシくん。でも、今日《きょう》はなんだかやる気《き》が出《で》ないみたい。

ヤサシくん
まほうにかかるの巻《まき》

1
日記書《にっきか》くの
めんどくさいなー

2
1行《ぎょう》だけね
フゥ…

とりかかるまでに時間《じかん》がかかってしまう人《ひと》には、とっておきの「まほう」があるよ。
やりかたはとってもカンタン！「ほんのちょっとだけはじめてみる」ということなんだ。

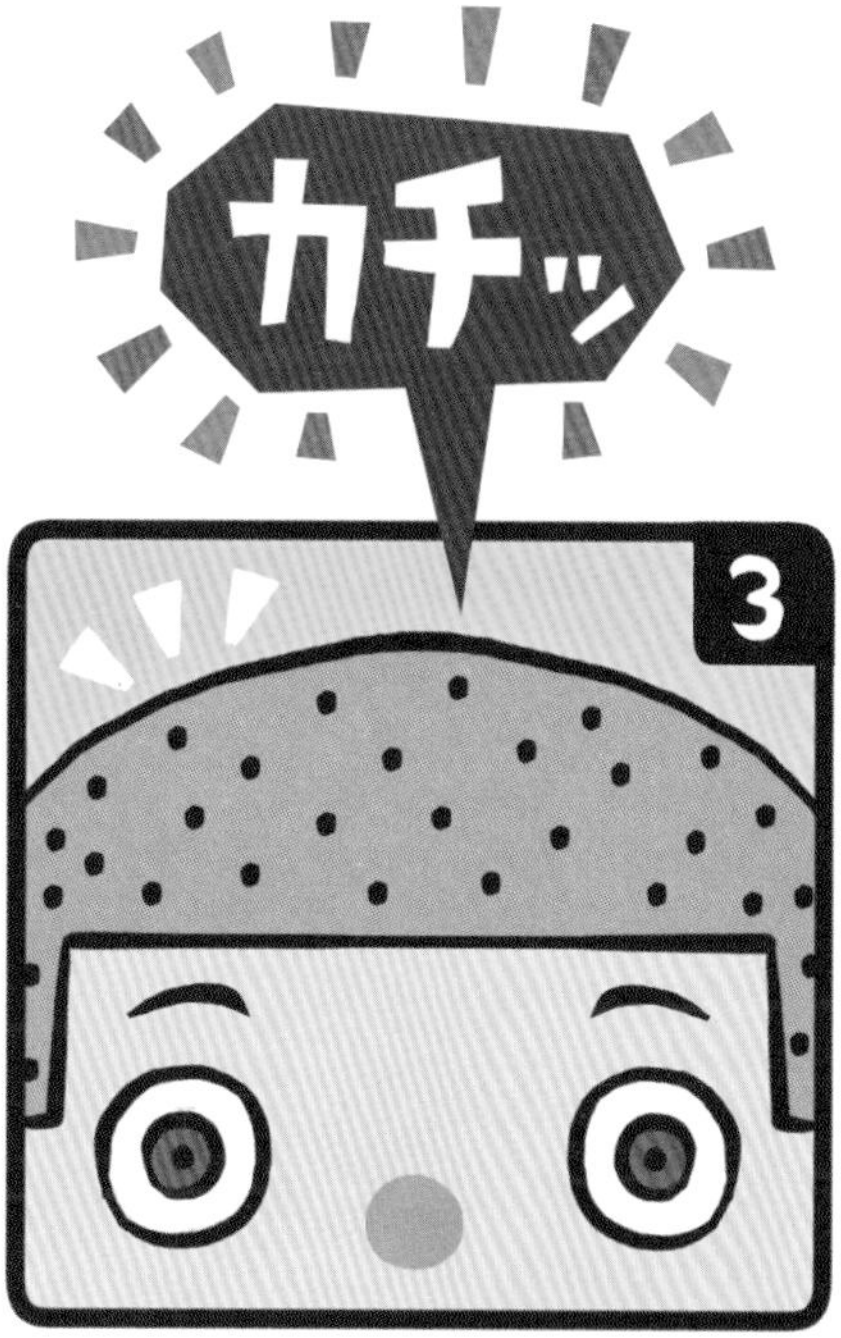

「1行《ぎょう》だけ」のつもりで日記帳《にっきちょう》を広《ひろ》げたのに、書《か》きはじめたとたん、やる気《き》が出《で》てきたよ！

きみは、やる気《き》が出《で》てきてから、とりかかろうって思《おも》っているんじゃないかな。でも、じつはこれ、順番《じゅんばん》が逆《ぎゃく》なんだ。やる気《き》というのは、きみがからだを動《うご》かしてなにかをはじめたあとに、出《で》てくるものなんだよ。

日記《にっき》や作文《さくぶん》なら、まずは1行《ぎょう》書《か》いてみる。サッカーの練習《れんしゅう》なら、まずはボールをけってみる。

そうすると脳《のう》が目覚《めざ》めて、自然《しぜん》とやる気《き》がわいてくるよ。

スイッチ・オンの形《かたち》を決《き》めよう

ぼくの
スイッチ・オンの
形《かたち》はこれ！
カチッ

ヤサシくんは、ラジオ体操《たいそう》の前《まえ》に水《みず》を１杯《ばい》飲《の》むのが、「スイッチ・オン」の形《かたち》！

うでをぐるぐる回《まわ》してスイッチを入《い》れているのはアキミちゃん。犬《いぬ》の散歩《さんぽ》に出《で》かけるよ。

わたしはこれで
スイッチ・オン！
ブン
ブン
ブン
ブン
カチッ
やったー！
アキミちゃんの
散歩《さんぽ》スイッチが
入《はい》ったぞ！

すんなりとはじめるためには、スイッチ・オンの形《かたち》を決《き》めるのも、役《やく》に立《た》つよ。「スイッチ・オンの形《かたち》」というのは、とりかかる前《まえ》にやる、決《き》まったしぐさのこと。

毎日《まいにち》同《おな》じようにしていると、きみのからだが「この形《かたち》は○○にとりかかる合図《あいず》！」と覚《おぼ》えてくれる。そうすると、自動的《じどうてき》にスイッチが入《はい》って、すんなりとりかかれるようになるよ。

気分《きぶん》が乗《の》らないときも、このスイッチがきみを助《たす》けてくれるんだ！

カチッ
スイッチ・オーン！
ガリ
ガリ

マジメくんは、日記《にっき》を書《か》く前《まえ》に、かならずえんぴつをけずるんだ。

スイッチ・オーン！
カチッ

ツヅク先輩《せんぱい》は、毛先《けさき》のカールを整《ととの》えてから、テニスの練習《れんしゅう》をはじめるようにしているよ。

「いやいやゾーン」と「こつこつゾーン」を
ぶじに乗《の》りこえることができたかな？
さて、これからはじまる4章《しょう》では、
「らくらくゾーン」にたどりつくための
最後《さいご》のかべに立《た》ちむかうよ！

4章《しょう》

【あきあきゾーン】
最《さい》後《ご》のかべを乗《の》りこえよう！

「あきちゃった」をコントロールしよう！

続《つづ》けはじめて半月《はんつき》がたったころ、アキミちゃんのこころに、モヤモヤとした気《き》もちがわいてきたよ。

あきちゃったなあ
スーー

「あきあきゾーン」でだれもがもつのは、こんな気《き》もち。

「あきてきたなあ」

「ものたりなくて、つまらない」

「本当《ほんとう》に続《つづ》ける意味《いみ》があるのかな……」


これが、きみを待《ま》ち受《う》ける最後《さいご》のかべだよ。でも、あと少《すこ》しで「らくらくゾーン」。ここまできたら、最後《さいご》のかべもなんとか乗《の》りこえたいよね！

やる気ダウン…

毎日《まいにち》同《おな》じことをくりかえしていたら、新鮮《しんせん》な気《き》もちを忘《わす》れてしまったみたいだね。

続《つづ》ける意味《いみ》まで見失《みうしな》いそうになっているアキミちゃん。こころから出《で》ているモヤモヤを、早《はや》くなんとかしなくちゃいけないね！

ものたりない
つまんない……
スス〜
パタ
ガク…
マイッカ〜
マイッカ〜
続《つづ》ける意味《いみ》って
なんだったっけ

そこで4章《しょう》では、あきあきゾーンを乗《の》りこえるために、この「あきちゃった」の気《き》もちをコントロールするワザを学《まな》んでいくよ！

変《へん》化《か》をつけて、ワクワクをとりもどそう！

やる気《き》アップ！

しばふの坂道《さかみち》や、花《はな》の咲《さ》く道《みち》！　変化《へんか》のある道《みち》のりを見《み》て、アキミちゃんの胸《むね》はワクワクした気《き》もちでふくらんできたよ！

あれ
道《みち》のようすが
変《か》わってきた
う〜
まぶしいか〜〜

いろんな種類《しゅるい》のワクワクが、アキミちゃんのやる気《き》をとりもどしてくれたみたい！

ワクワクする！
やる気《き》が
出《で》てきた！
いろんな
道《みち》があって
楽《たの》しいなっ！

アキミちゃんは、軽《かる》い足《あし》どりで先《さき》へ先《さき》へと進《すす》みはじめたよ。

「あきちゃった」の気《き》もちをコントロールするためには、いったいどんな工夫《くふう》が必《ひつ》要《よう》だと思《おも》う？

それは、同《おな》じことのくりかえしに、ほんの少《すこ》し変化《へんか》をつけて、ワクワクする気《き》もちをとりもどすこと。

変化《へんか》といっても、やることを変《か》える必要《ひつよう》はないよ。

同《おな》じことも、ちょっとした工夫《くふう》で、また新《あたら》しく感《かん》じられて、やる気《き》を復活《ふっかつ》させることができるんだ！

「あそび気分《きぶん》」をプラスしよう

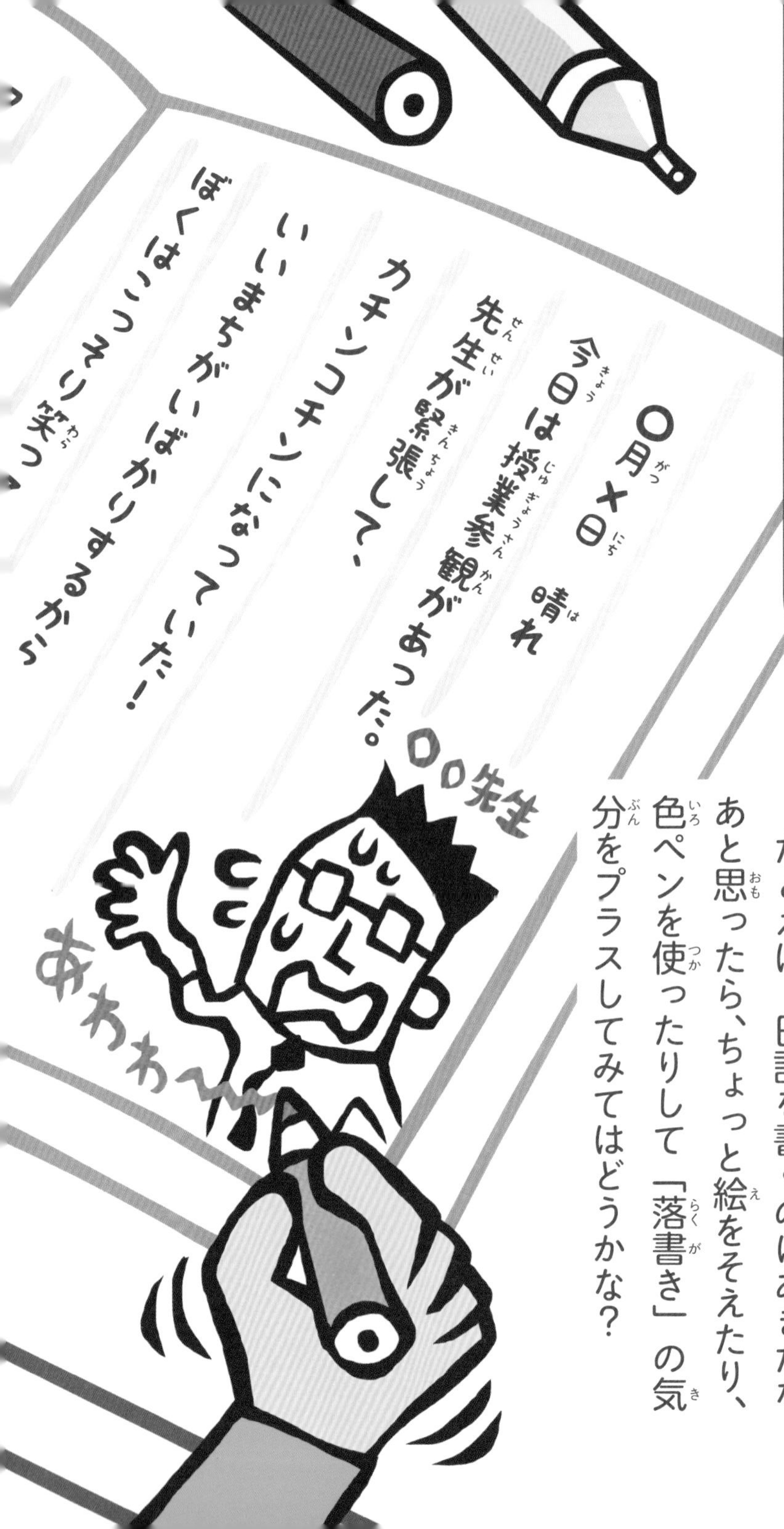
○月《がつ》×日《にち》　晴《は》れ
今日《きょう》は授業参観《じゅぎょうさんかん》があった。
先生《せんせい》が緊張《きんちょう》して、
カチンコチンになっていた！
いいまちがいばかりするから
ぼくはこっそり笑《わら》っ
○○先生
あわわ〜

ワクワクをとりもどすためにまずためしてほしいのは、「あそび気分《きぶん》」をプラスすること！

たとえば、日記《にっき》を書《か》くのにあきたなあと思《おも》ったら、ちょっと絵《え》をそえたり、色《いろ》ペンを使《つか》ったりして「落書《らくが》き」の気《き》分《ぶん》をプラスしてみてはどうかな？

ほかにも、部屋《へや》の片付《かたづ》けにあきてしまったなら、おきにいりの絵本《えほん》や写真《しゃしん》で部屋《へや》をかざってみるとか、ランニングしている人《ひと》は、走《はし》ったことのない道《みち》を探検《たんけん》してみるとか。

どんなことでもいい。自分《じぶん》をワクワクさせられるような「あそび気分《きぶん》」のアイデアをたくさん出《だ》して、どんどんためしてみよう！

日記《にっき》を書《か》くのにあきてきたマジメくんは、大好《だいす》きな落書《らくが》きをプラス！　日記《にっき》を書《か》くのが楽《たの》しみになったよ。

続《つづ》けることをゲームにしちゃおう！

残《のこ》り時《じ》間《かん》
7分《ふん》10秒《びょう》
YASASHI
残《のこ》り15分《ふん》
解《かい》答《とう》数《すう》 14問《もん》

あと7分《ふん》！
新《しん》記《き》録《ろく》は
出《で》るか!?

「ゲームなら何《なん》時《じ》間《かん》やってもあきない！」という人《ひと》には、続《つづ》けたいことを、思《おも》いきってゲームにしてしまうのもおすすめ！

たとえば、「復《ふく》習《しゅう》ドリル

ヤサシくんは「1日《にち》20分《ぷん》」と決《き》めて、算《さん》数《すう》ドリルを何問《なんもん》解《と》けるかチャレンジ中《ちゅう》！

を毎日《まいにち》解《と》く」と決《き》めたなら、「1日《にち》20分《ぷん》」と時間《じかん》を決《き》めて、何問《なんもん》クリアできるか時間《じかん》を計《はか》りながらやってみる。昨日《きのう》の自分《じぶん》の記録《きろく》と競《きそ》えば、チャレンジ精神《せいしん》にスイッチが入《はい》るよ。

どのページをやるかあみだくじで決《き》める、なんていうのも、ドキドキしそうだね！

ちょっとした工夫《くふう》だけど、それだけで「いつものこと」がスリル満点《まんてん》のゲームに変《か》わるよ！

ときどき場所《ばしょ》を変《か》えてみよう

いつもの場所《ばしょ》で いつもの宿題《しゅくだい》

アキミちゃんは、いつもの図書館《としょかん》でいつものように宿《しゅく》題《だい》をしていたら、だんだんあきてきちゃったよ。

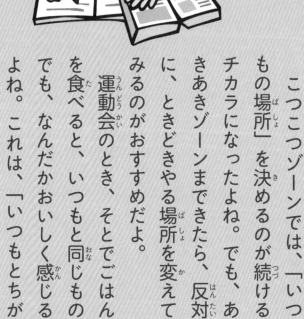

こつこつゾーンでは、「いつもの場所《ばしょ》」を決《き》めるのが続《つづ》けるチカラになったよね。でも、あきあきゾーンまできたら、反対《はんたい》に、ときどきやる場所《ばしょ》を変《か》えてみるのがおすすめだよ。

運動会《うんどうかい》のとき、そとでごはんを食《た》べると、いつもと同《おな》じものでも、なんだかおいしく感《かん》じるよね。これは、「いつもとちが

場所《ばしょ》を変《か》えて いつもの宿題《しゅくだい》！

場所《ばしょ》を変《か》えて、公園《こうえん》で宿題《しゅくだい》をしてみることに。あれ、なんだかいつもの宿題《しゅくだい》も、ちょっと楽《たの》しくなってきたよ！

使《つか》うモノを変《か》えるのもおすすめ！

- 場所《ばしょ》を変《か》えるのがむずかしいときは、道具《どうぐ》を変《か》えるのもいいよ。

- おきにいりのクリップに変《か》える、くつひもを好《す》きな色《いろ》にする……そんな工《く》夫《ふう》で、新鮮《しんせん》な気《き》もちになれるよ。

う場所《ばしょ》」が脳《のう》を刺激《しげき》して、「いつもと同《おな》じもの」まで新鮮《しんせん》に感《かん》じてワクワクできるようになったしょうこなんだ。

続《つづ》けることも、場所《ばしょ》を変《か》えるとワクワクしながら新《あたら》しい気分《きぶん》でとりくめるようになるよ。ためしてみよう！

なかまをつくってパワーをもらおう

1人《ひとり》で続《つづ》けているとあきてしまうことも、いっしょにやるなかまがいると、続《つづ》けるチカラになるよ。

ヤサシくんは、なかまといっしょに山登《やまのぼ》り。頂上《ちょうじょう》まで登《のぼ》ってクタクタだったけど、みんなとおしゃべりしていたら、なんだかチカラがわいてきたよ！

がんばれよ
ぼくは何度《なんど》も
登《のぼ》ってるけど
てっぺんからの
ながめが
すごいんだ

なかまがいれば、つかれたときに「つかれたね」っていいあうだけで、「自分《じぶん》だけじゃないんだ！」と元気《げんき》が出《で》る。「あの子《こ》だけには負《ま》けたくない！」という負《ま》けん気《き》だって、やる気《き》につながるんだ。

なかまをつくるときは、「すてきだな」と思《おも》える人《ひと》を選《えら》ぶといいよ。「あの子《こ》みたいになりたいな」というあこがれの気《き》もちは、きみにいいパワーをくれるからね。

ちょっとむずかしいことにチャレンジ！

いやいやゾーンでは、うまくいかないときに1歩《ぽ》を小《ちい》さくしてみたよね。でも、はじめはむずかしいと感《かん》じていたことも、続《つづ》けるうちにらくにできるようになってきて、「ものたりないな」「たいくつだな」って感《かん》じるようになることがあるんだ。

　そこであきあきゾーンでは、1歩《ぽ》をちょっと大《おお》きくしてみるのをおすすめするよ！

毎日読書《まいにちどくしょ》を続《つづ》けてきたマジメくん。だけどなんだかたいくつしているみたいだよ。

むずかしいけど
めちゃくちゃ
おもしろい！
天才《てんさい》スゴイシリーズ
学者《がくしゃ》の伝記《でんき》

そこで、ずっと気《き》になっていた、ぶあつい本《ほん》にチャレンジ！　時間《じかん》はかかったけど、グイグイ引《ひ》きこまれて、楽《たの》しく読《よ》み進《すす》めることができたよ！

高《たか》い
レベル
低《ひく》い

きみにも、「いまはまだムリだけど、いつかはチャレンジしてみたいな」と思《おも》っていることが、あったんじゃないかな。もしかしたら、いまならうまくやれるかもしれないよ。

ちょっとむずかしそうなことにチャレンジして、やる気《き》に火《ひ》をつけよう！

つぎの目標《もくひょう》に目《め》をむけよう

「もうすぐ目標《もくひょう》に手《て》がとどくとわかっているのに、がんばれない」なんていう人《ひと》もいるかな？　それは、気《き》がゆるんでいるからかもしれないね。

そんなときは、つぎの目標《もくひょう》に目《め》をむけてみよう！

!!!
ピアノの発表会《はっぴょうかい》でうまくひけたら、つぎはツヅク先輩《せんぱい》に合奏《がっそう》をお願《ねが》いしよう！

いまきみがめざしている目標《もくひょう》は、あくまで通過《つうか》ポイント。
そのむこうにもっとピカピカの自分《じぶん》が待《ま》っているとわかったら、気《き》をゆるめているひまはないよね。
つぎの目標《もくひょう》をパワーに変《か》えて、つき進《すす》もう！

アキミちゃんは、ツヅク先《せん》輩《ぱい》のバイオリンと合奏《がっそう》するのがつぎの目標《もくひょう》。そのためにも、目《め》の前《まえ》の練習《れんしゅう》をがんばらなくちゃ！

「ぜんぶダメ」と思《おも》いこまない

毎日《まいにち》の練習《れんしゅう》はムダだったんだ
これからもずっとぼくはのびないんだ
パチパチパチ
マラソン大会《たいかい》
パチパチ
ハア…
ワイワイ
パチ
ワイワイ

ヤサシくんは、毎日《まいにち》ランニングを続《つづ》けてきたのに、地域《ちいき》のマラソン大会《たいかい》で順位《じゅんい》を落《お》としてしまったんだ。

きみがあきてきちゃったのは「思《おも》っていたような結果《けっか》が出《で》ないから」ってこともあるよね。そんなときは、「自《じ》分《ぶん》なんてダメな人間《にんげん》だ」「これからもずっと、ダメなんだ」なんて、どんどん気《き》もちがふさいでいってしまう。

でも、ちょっと待《ま》った!

「ぜんぶダメ」と思《おも》いこむ前《まえ》に、うまくいったこと・いかなかったことを、思《おも》いつくかぎり紙《かみ》に書《か》いてみよう。

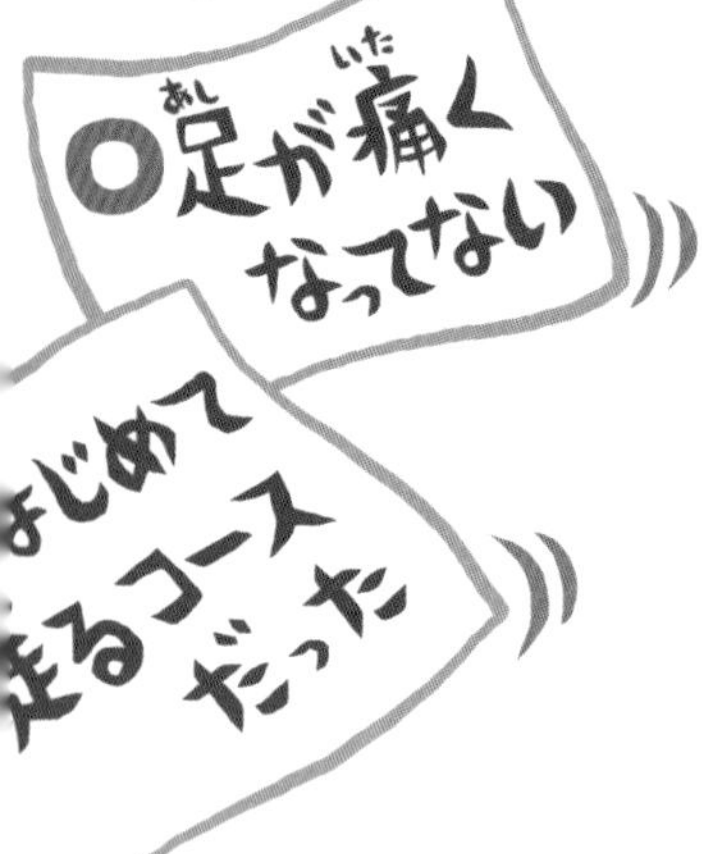
足《あし》が痛《いた》くなってない
じめて
るコース
だった

書《か》きだしてみると、ダメなのは「ぜんぶ」じゃなくて「ほんの一部《いちぶ》」ということが多《おお》いよ。それに、原因《げんいん》さえわかれば、解決方法《かいけつほうほう》も見《み》つかりやすい。「ずっとダメ」なんてことはないはずだよ。

だれだって、クヨクヨしていると、「ぜんぶダメ」「ずっとダメ」と思《おも》いこんでしまうもの。まずは紙《かみ》に書《か》きだして、そんな思《おも》いこみからぬけだそう！

思《おも》いつくことをぜんぶ紙《かみ》に書《か》いたヤサシくん。ダメなところばかりじゃないって気《き》づくことができたよ！

大《おお》きな目標《もくひょう》までの道《みち》すじを見《み》なおそう！

いやいやゾーン、こつこつゾーンを乗《の》りこえてきたきみは、ときどき成果《せいか》を見《み》なおしながら、自分《じぶん》に合《あ》った量《りょう》や方法《ほうほう》を見《み》つけてきたよね。

最後《さいご》のあきあきゾーンでは、「大《おお》きな目標《もくひょう》に近《ちか》づけているか」を見《み》なおすことがたいせつだよ。

見《み》なおしてみて、もし「この道《みち》すじでは、大《おお》きな目標《もくひょう》になか

ステップ1
計画《けいかく》する

まずは大《おお》きな目標《もくひょう》を決《き》めて、そのためになにをすればいいか、具体《ぐたい》的《てき》に計画《けいかく》を立《た》てよう！

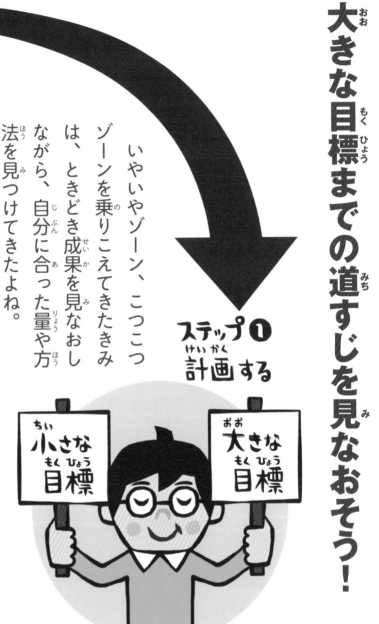

ツヅク先輩《せんぱい》アドバイス！

1～3をくりかえそう！

❶計画《けいかく》する→❷行動《こうどう》する→❸見《み》なおすの3ステップをくりかえすと、大《おお》きな目標《もくひょう》に近《ちか》づけるよ！

ステップ❸ 見《み》なおす

結果《けっか》と目標《もくひょう》を見《み》くらべて、いまのまま続《つづ》けていいかどうかチェックしよう。

なか近《ちか》づけないぞ」とわかったら、もう一《いち》度《ど》小《ちい》さな目標《もくひょう》を見《み》なおして、べつの習慣《しゅうかん》に変《か》えることも考《かんが》えよう。

　やってみなくちゃわからないことはたくさんある。いままで続《つづ》けてきたことをやめることも、ときには必要《ひつよう》なんだ。

ステップ❷ 行動《こうどう》する

つぎに、計画《けいかく》したことを行動《こうどう》にうつす！　しばらく続《つづ》けてみよう。

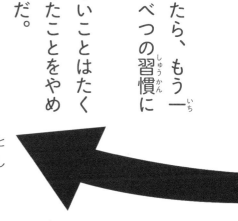

新《あたら》しい目標《もくひょう》
23日《にち》めに
200メートル
泳《およ》げるようになる！

17 24 25 26

おくれたら計画《けいかく》を立《た》てなおそう

もしも体調《たいちょう》をくずしたりして、計画《けいかく》が予定《よてい》よりおくれてしまったら、きみはどうする？　まじめな人《ひと》は「つぎの1週間《しゅうかん》でとりもどさなくっちゃ」って思《おも》うかもしれないね。

でもそれでは、つぎの1週間《しゅうかん》がたいへん！　やりきれなくて、またできないことが出《で》てくるかもしれないよ。

それよりも、おくれてしまったときは思《おも》いきってしきりなおし！　再開《さいかい》した日《ひ》をスタートだと思《おも》って、計画《けいかく》を立《た》てなおそう。

こうすれば、「やりきれない、どうしよう！」と頭《あたま》をかかえなくていいし、新鮮《しんせん》な気《き》もちをとりもどすいいきっかけにもなるよ。

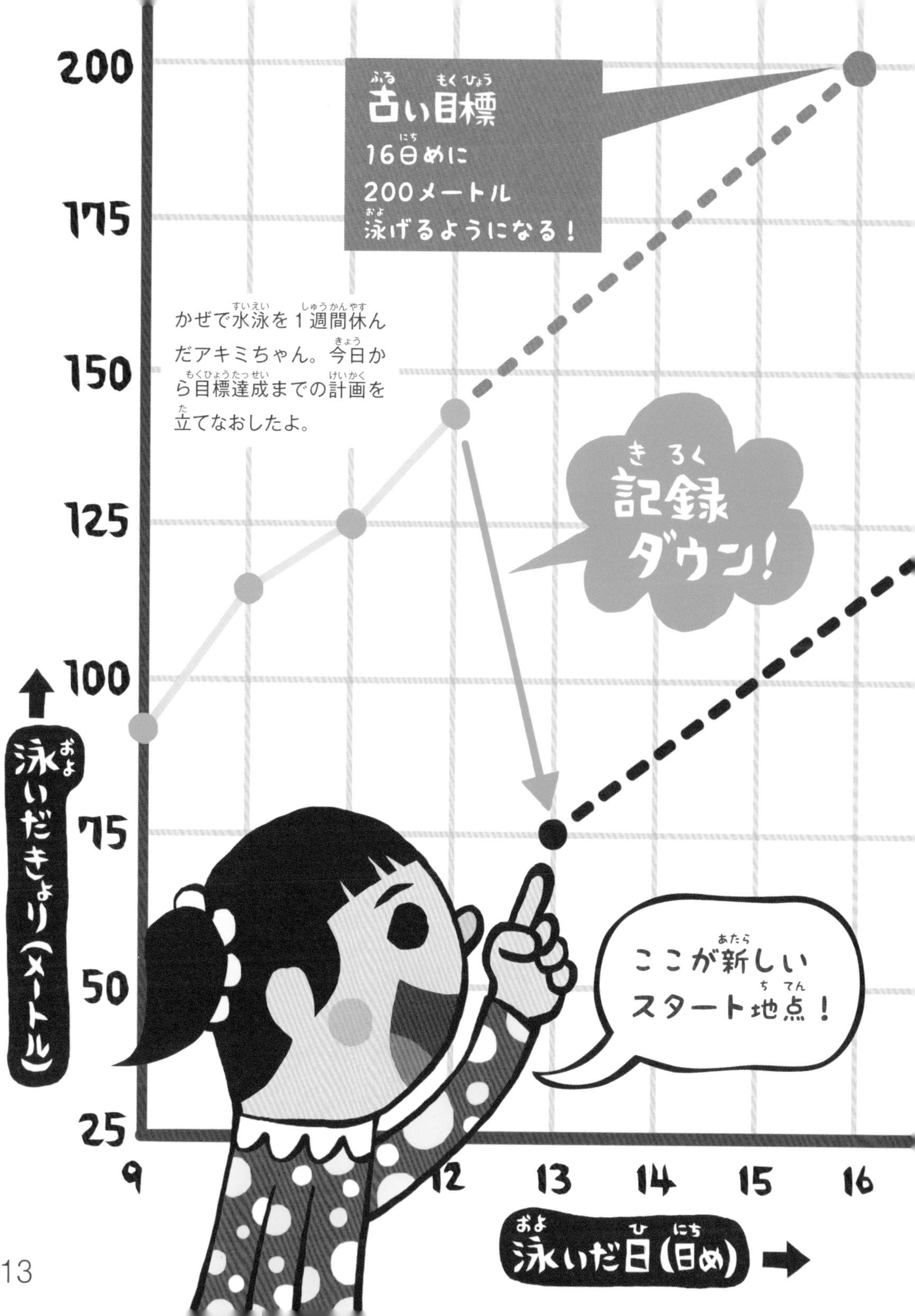
200
175
150
125
100
75
50
25
泳《およ》いだきょり（メートル）
9
12
13
14
15
16
泳《およ》いだ日《ひ》（日《にち》め）
古《ふる》い目標《もくひょう》
16日《にち》めに
200メートル
泳《およ》げるようになる！
かぜで水泳《すいえい》を１週間休《しゅうかんやす》んだアキミちゃん。今日《きょう》から目標達成《もくひょうたっせい》までの計画《けいかく》を立《た》てなおしたよ。
記録《きろく》ダウン！
ここが新《あたら》しいスタート地点《ちてん》！

くらべるのはいままでの自分《じぶん》！

ウウ・・・
いっかげつまえ
1か月前

1か月前《げつまえ》の自分《じぶん》

算数《さんすう》ドリルをはじめる前《まえ》のヤサシくんは、学校《がっこう》の授業《じゅぎょう》がチンプンカンプン！　わからないところはそのままにしていたから、テストでもさんざんな点数《てんすう》をとってしまったんだ。

目標《もくひょう》までの道《みち》のりが長《なが》いと、今日《きょう》の1歩《ぽ》をとても小《ちい》さな、たよりないもののように感《かん》じることがあるかもしれない。だれかとくらべて、あせってしまうことだって、きっとあるよね。

そんなときは、未来《みらい》を心配《しんぱい》したり、だれかとくらべたりするのをやめて、いままでの自分《じぶん》とくらべよう。

いまの自分《じぶん》

今日《きょう》ついに算数《さんすう》ドリルを1冊《さつ》まるごとやり終《お》えたヤサシくん！　自信《じしん》がついたおかげで、授業《じゅぎょう》でわからないところがあっても質問《しつもん》して、理解《りかい》できるようになったよ。

だいじなのは、自分《じぶん》が前《まえ》に進《すす》んでいるかどうか。小《ちい》さな1歩《ぽ》でも、立《た》ち止《ど》まらずに進《すす》み続《つづ》ければ、かならずゴールに近《ちか》づけるよ。

らくらくゾーンでつぎの習《しゅう》慣《かん》へ！

マイッタ〜
やるのが
ぜんぜん
つらくないぞ！

「やらないと、なんだか落《お》ちつかない」と思《おも》えるようになったら、いよいよ「らくらくゾーン」に到《とう》着《ちゃく》！いままで続《つづ》けてきたことが、「習《しゅう》慣《かん》」として身《み》についたしょうこだよ。

きみはいったい、どんな習《しゅう》慣《かん》を身《み》につけることができたんだろう。はじめる前《まえ》のきみと、いまのきみ、どんなふうにちがっているかな？

こんどはもっと
からだを使《つか》う
習慣《しゅうかん》をつけたいな！

つぎはなにを
はじめようかな！

さて、らくらくゾーンはつぎの習慣《しゅうかん》を身《み》につけるチャンスでもあるよ。1つめの習慣《しゅうかん》がからだをきたえることなら、2つめは頭《あたま》を使《つか》うことにする――というふうに、バランスよく自分《じぶん》をみがいていけるといいね。

いい習慣《しゅうかん》を続《つづ》けて、自分《じぶん》らしい、すてきなおとなになっていこう！

きみはいま、どんな夢《ゆめ》を
こころにえがいているんだろう。
ワクワクするような、楽《たの》しい夢《ゆめ》?
それとも、
みんなをアッとおどろかすような
うーんと大《おお》きな夢《ゆめ》かな?

いったい
どんな道《みち》すじをたどれば、
その夢《ゆめ》に近《ちか》づけるんだろう。
そのために、
なにを続《つづ》ければいいのかな？

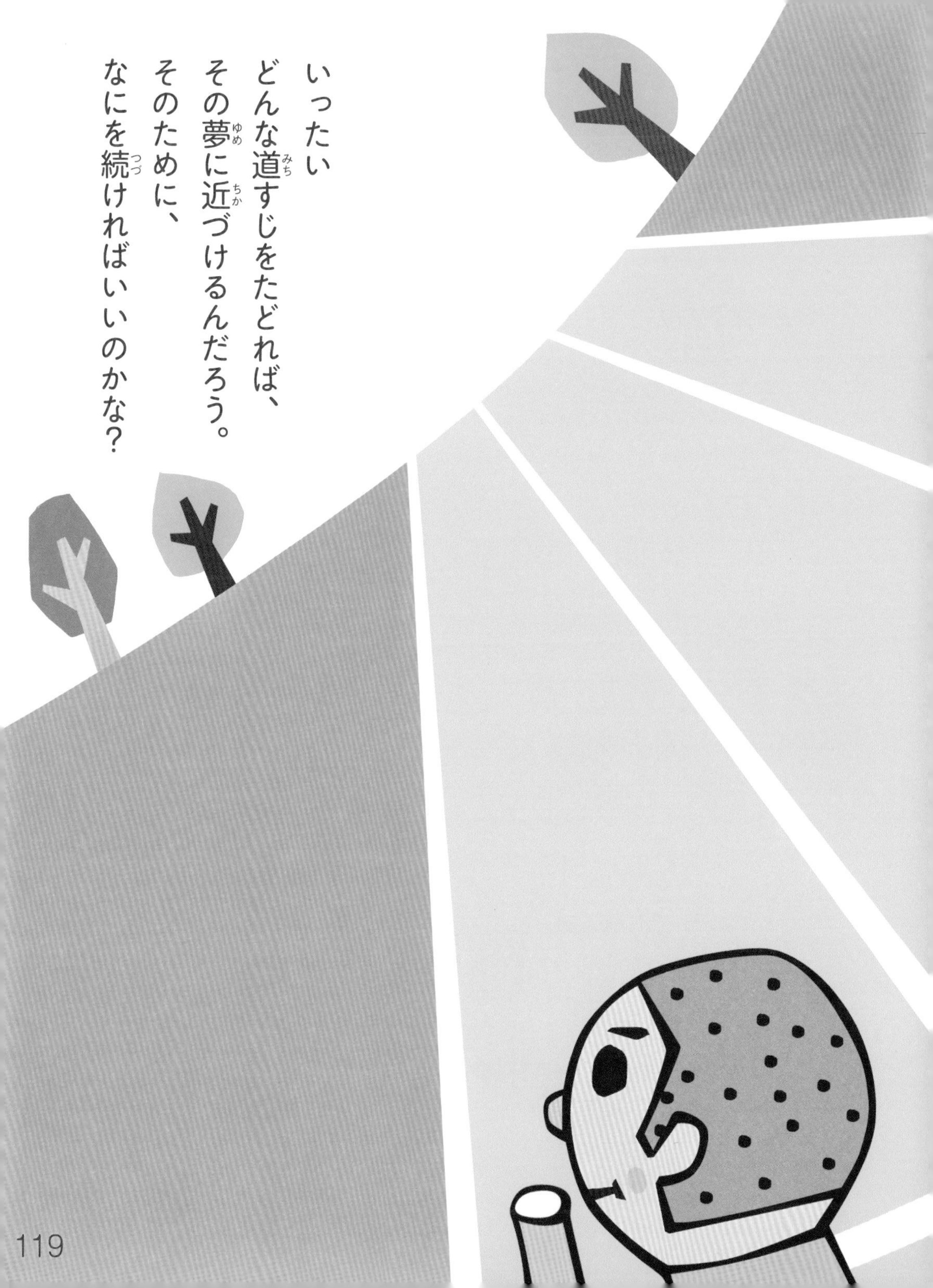

きみはもう、続《つづ》けるための
いろんなワザを学《まな》んだよね。
ほら、あの3人《にん》も
いろんなワザをためしながら、
自分《じぶん》の目標《もくひょう》に
近《ちか》づこうとしているよ。

あの山《やま》に
登《のぼ》るために
まずはからだを
きたえるぞ！
イチニ
サンシ

もちろん、だれにだって
うまくいかないことはある。
続《つづ》けているうちに
あきらめてしまうことだって、
あるかもしれない。

あイタ…
あそぼー!!
うん！
あ～あ
サボっちゃった……
ガチャ

でもだいじょうぶ！
続《つづ》けることは
いつからでも、何度《なんど》でも、
はじめられるよ。
たいせつなのは
チャレンジし続《つづ》けること！
失敗《しっぱい》やチャレンジを
くりかえしながら、
自分《じぶん》に合《あ》うこと・合《あ》う方法《ほうほう》を
見《み》つければいいんだ。

なにかを
やり続《つづ》けるということは、
いまの自分《じぶん》から未来《みらい》の自分《じぶん》へ
「夢《ゆめ》のバトン」をわたす
ということでもある。
ほら、未来《みらい》の自分《じぶん》の声《こえ》が
聞《き》こえてくるよ。

さあ、きみも
未来《みらい》の自分《じぶん》のために、
「続《つづ》ける」をはじめよう！

おわりに

続《つづ》けるためのワザを、たくさん学《まな》んできましたね。いかがでしたか？

「続《つづ》けられない理由《りゆう》は、性格《せいかく》と関係《かんけい》があったんだ！」

「ぼくはいつも3日《みっか》ぼうずだったけど、いやいやゾーンを乗《の》りこえたら続《つづ》けられた！」

そんなふうになにか発見《はっけん》があったのなら、成長《せいちょう》できたしょうこです。その調子《ちょうし》で前《まえ》に進《すす》んでください。

さて、みなさんは、習慣《しゅうかん》が増《ふ》えると一気《いっき》に成果《せいか》が出《で》るようになる、ということを学《まな》びましたよね（32ページ）。それから、習慣《しゅうかん》はバランスよくくみあわせたほうがよいことも（117ページ）。このことを、もう少《すこ》し具体的《ぐたいてき》に紹介《しょうかい》させてください。

たとえば、「本《ほん》を読《よ》む」習慣《しゅうかん》と「走《はし》る」習慣《しゅうかん》をくみあわせるとします。この2つ、まったく関係《かんけい》ないように見《み》えますよね。でもじつは、体力《たいりょく》がつくと記憶力《きおくりょく》や集中力《しゅうちゅうりょく》も高《たか》まります。つまり、走《はし》って体力《たいりょく》がつけばつくほど、本《ほん》を読《よ》むペースや、内容《ないよう》を覚《おぼ》えるスピードも上《あ》がっていくわけです。習慣《しゅうかん》と習慣《しゅうかん》は、こんなふうに助《たす》けあって、みなさんのチカラを大《おお》きくのばしてくれるのです。

自分《じぶん》の目標《もくひょう》を見《み》きわめたら、どんな習慣《しゅうかん》を身《み》につけるのがよいかは、まわりのおとなに相談《そうだん》してもよいでしょう。

みなさんが続《つづ》けるチカラを身《み》につけて、いつか大《おお》きな夢《ゆめ》や目標《もくひょう》をつかむことを願《ねが》っています！

深《ふか》谷《や》圭《けい》助《すけ》

●監修者紹介●

深谷圭助（ふかや・けいすけ）

中部大学現代教育学部教授　博士（教育学）

国語辞典や漢字辞典、英語辞書を活用した「辞書引き学習法」を提唱、子どもたちが自分で調べ、自分で学ぶための勉強をサポートしている。『近代日本における自学主義教育の研究』（三省堂）など、小学生の学び、国語学習等に関する編著書も多数。講演、メディアを通じても多彩な活動を展開。特定非営利活動法人こども・ことば研究所理事長。

●おもな参考文献●

『10歳までに身につけたい子どもの続ける力』（かんき出版）／『新版「続ける」技術』（フォレスト出版）／『やめられない！ぐらいスゴイ 続ける技術』（KADOKAWA）／『「続ける」習慣』（日本実業出版社）／『続ける力 仕事・勉強で成功する王道』（幻冬舎新書）など

イラスト●なかさこかずひこ！

デザイン●安永奈々（22plus-design）

編集協力●今井美栄子

企画・編集●日本図書センター（小菅由美子）

学校《がっこう》では教《おし》えてくれない ピカピカ 自分《じぶん》みがき術《じゅつ》

もう投《な》げださない！ 続《つづ》けるチカラ

2020年1月25日　初版第1刷発行

監修者　深谷圭助

発行者　高野総太

発行所　株式会社 日本図書センター

〒112-0012 東京都文京区大塚3-8-2

電話　営業部　03-3947-9387

出版部　03-3945-6448

http://www.nihontosho.co.jp

印刷・製本　図書印刷 株式会社

©2020 Nihontosho Center Co.Ltd.　Printed in Japan

ISBN978-4-284-20458-3